パラリンピックのアスリートたち

可能性は無限大

—視覚障がい者マラソン 道下美里

文・高橋うらら

新日本出版社

もくじ

第7章

リオデジャネイロから東京《とうきょう》へ！

装丁・デザイン　周 玉慧
表紙写真　アフロスポーツ
コラムイラスト　野々村京子
校正　村井みちよ

プロローグ

２０１６年、ブラジルのリオデジャネイロで、パラリンピックが開かれました。

視覚障《しかくしょう》がい者《しゃ》の女子マラソンレースの会場となったのは、海沿《うみぞ》いの街《まち》、コパカバーナです。スタートの午前9時には、気温がすでに30度まであがっていました。これからますます暑くなりそうです。

スタートラインに立ち、強い日差《ひざ》しをうらめしそうに浴《あ》びている選手《せんしゅ》もいるなかで、日本代表の道下美里《みちしたみさと》は、自分にこういい聞かせていました。

（わたしは負けない。暑いなか、だれよりも練習を積《つ》んできたんだもの！）

そしていよいよ、スタート。

目の不自由《ふじゆう》な選手《せんしゅ》たちは、道案内《みちあんない》をしてくれる「伴走者《ばんそうしゃ》」と、短《みじか》いロープ

プロローグ

を輪《わ》にしてはじとはじを持ち、いっしょに走り出します。まわりが見えていないとはとても思えない、ものすごく速いスピードです。

沿道《えんどう》では、日本からかけつけた応援団《おうえんだん》が、声援《せいえん》を送っています。

「美里《みさと》！　ファイト！」

走る距離《きょり》は、42・195キロ。じつはパラリンピックで、視覚障《しかくしょう》がい者《しゃ》の女子マラソンがおこなわれるのは、今回がはじめてでした。目が見えている人でも、全部走り通すのはなかなかむずかしい長距離《ちょうきょり》だからです。きびしい暑さのなかでのレースでしたが、美里《みさと》はこの大会で銀メダルを獲得《かくとく》しました。

彼女《かのじょ》がマラソンでかがやかしい結果《けっか》を残《のこ》す選手《せんしゅ》になるまでには、数えきれないほどの苦労《くろう》がありました。

中学生のころから、右目、そして左目と、相次《あいつ》いで視力《しりょく》を失《うしな》ってしまったからです。だんだん見えなくなることは、とてもつらいことでした。

彼女《かのじょ》はいったいそこから、どうやって立ち直ったのでしょうか。こうして世界の舞台《ぶたい》に立てるようになるまで、どんなきびしいトレーニングを積《つ》んできたのでしょうか。

この本は、道下美里《みちしたみさと》、あだ名は「みっちゃん」の、半生を追った物語です。

第1章

中学3年生で右目の光を失《うしな》う

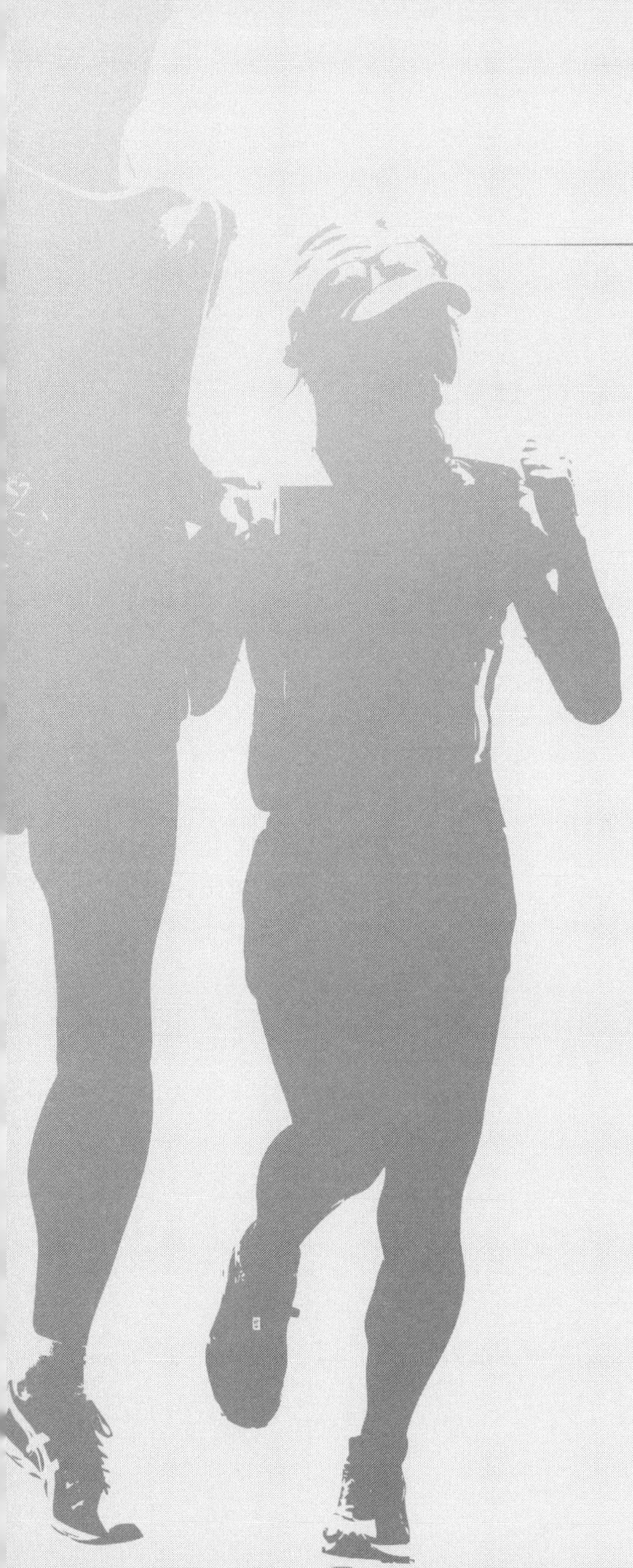

ふるさとは港町

中野美里《なかのみさと》、のちの道下美里《みちしたみさと》は、1977年1月19日、山口《やまぐち》県下関《しものせき》市に生まれました。下関《しものせき》は、「ふぐ」で有名な、本州《ほんしゅう》の一番西にある市です。九州《きゅうしゅう》との間には関門海峡《かんもんかいきょう》があり、おだやかなその海をいつもたくさんの船が行きかっています。海峡《かいきょう》にかかる大きなつり橋「関門橋《かんもんきょう》」は、夜になると美しくライトアップされます。美里《みさと》は、毎晩《まいばん》この夜景《やけい》をながめて育ちました。

家は「中野《なかの》書店」という、下関《しものせき》市内にいくつもの支店《してん》を持つ大きな書店を経営《けいえい》していました。美里《みさと》が3歳《さい》のころから住んだ家は、商店街《しょうてんがい》にある5階建《かいだ》てのビルです。1階《かい》から3階《がい》は書店になっており、上の階《かい》が住居《じゅうきょ》で、お父さんとお母さんは、いつもいそがしく働《はたら》いていました。

幼《おさな》いころの美里《みさと》は、お姉ちゃんやお兄ちゃんと保育園《ほいくえん》に通い、家に帰ると、いっしょに住んでいるおばあちゃんに、身のまわりの世話をしてもらっていました。

好《す》きな食べ物は、地元でとれる新鮮《しんせん》な魚、ハンバーグ、鶏《とり》のからあげ。食欲《しょくよく》はおうせいなのに、なぜか小さいころから背《せ》は低《ひく》い方で、クラスの背《せ》の順《じゅん》では、いつも一番前でした。

小学校に入ってランドセルを背負《せお》うと、

「みっちゃんは小さいから、まるでランドセルが歩いているみたいでかわいいね。」

といわれました。

性格《せいかく》はどちらかといえば内気で、買い物に行くときは、店員さんを前にしたとたん、いつもお母さんの後ろにかくれています。学校でリコーダーのテストがあったときも、みんなの前に立つのがいやで、できれば学校を休みたいと思ったほどでした。

パラリンピックで活躍《かつやく》する今では想像《そうぞう》もできませんが、体育も得意《とくい》というわけではなく、運動会のかけっこでは、いつもビリに近い方でした。水泳でも息つぎができず、5メートル泳ぐのがせいいっぱい。ダンスをおどると、友だちから「なんだかヘン。」といわれてしまいます。

そして、意外なものが好《す》きでした。ジェットコースターです。

「きゃー！　こわい！　でも気持ちいい！」

家族で九州《きゅうしゅう》の城島高原《きじまこうげん》にある遊園地へ遊びに行くと、必《かなら》ず何度も乗って喜《よろこ》んでいました。

ふだんはおとなしいのに、負けん気なところもあり、お兄ちゃんと家の階《かい》段《だん》で何段目《なんだんめ》からとべるかを競《きそ》うと、どんなに高くなっても、「ぜったい負けない！」と、なかなかあきらめませんでした。

幼《おさな》い美里《みさと》は、いつもお姉ちゃんやお兄ちゃんのあとをついてまわっていた。

一番左が美里《みさと》。小学生になってもかなり小がらな方だった。

黒目の星

小学4年生のときのことです。右目の黒目に、星のような形をした白いまくができてしまい、病院で診《み》てもらうことになりました。

お母さんは、とても心配しました。

「先生、いったい何の病気でしょう?」

下関《しものせき》市内の眼科《がんか》を数けんまわりましたが、病名はわかりませんでした。大学病院に行って検査《けんさ》を受けると、お医者さんは、こういいました。

「もしかすると、カビの一種《いっしゅ》かもしれません。このまま増《ふ》えたらたいへんですから、毎日目薬をさして、1か月後にまた来てください。」

しかし、目薬を使っても黒目の星はいっこうにとれず、右目の視力《しりょく》は、だんだん落ちていきました。

（早く治《なお》らないかな。目薬をさすのも、めんどくさいな。）

美里《みさと》はそう思いながらも、ふだんの生活ではとくに不自由《ふじゆう》を感じなかったので、黒目の星のことをあまり気にせず、ふつうに生活していました。

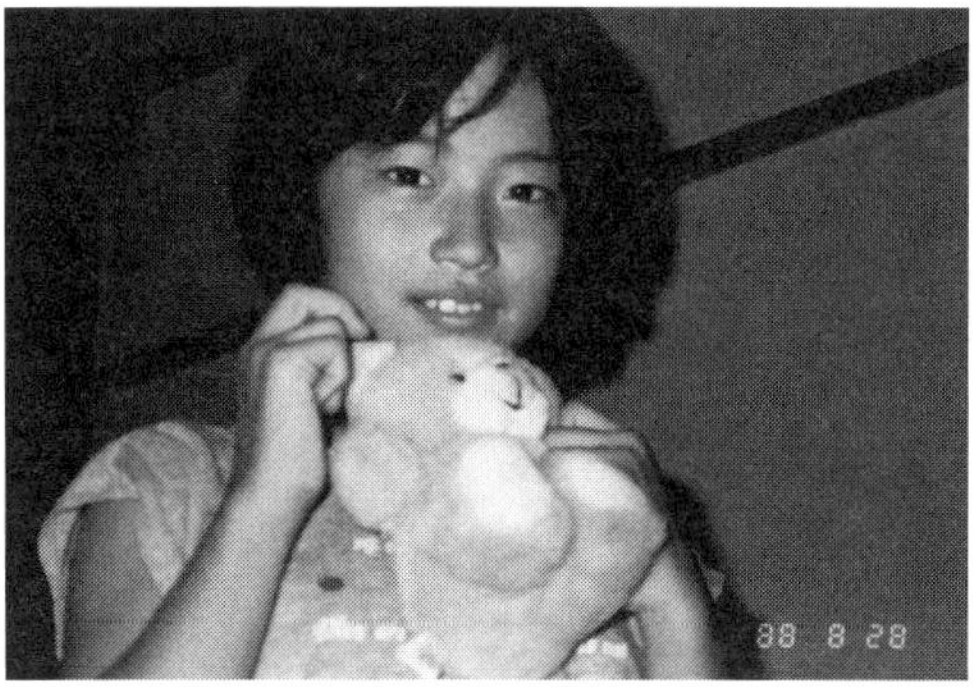

小学４年生のとき。

小学校の遠足《えんそく》のバスのなかで。

小学校の卒業式《そつぎょうしき》。お母さんと。

陸上部《りくじょうぶ》に入って

やがて、中学校に入学しました。

冬には持久走《じきゅうそう》大会が開かれます。美里《みさと》はふと、小学校の運動会でビリばかりだったことを思い出しました。

（またひどい順位《じゅんい》だったら、いやだなあ。今度はがんばってみようかな。）

そう決めると、友だちと朝早くランニングをはじめることにしました。友だちが途中《とちゅう》でやめてしまっても、ひとりで毎朝走り続《つづ》けました。どうしても大会で順位《じゅんい》をあげたかったからです。

すると本番の大会では、なんと2位《い》になったのです。

（まさか、こんなすごい結果《けっか》が出るなんて。努力《どりょく》すれば、人は変《か》われるんだ。）

美里《みさと》は、生まれてはじめてそう気づき、うれしくなりました。

（せっかくだから、陸上部《りくじょうぶ》に入ろう！）

それまで、どの部にも所属《しょぞく》していなかったので、思いきって陸上《りくじょう》をはじめることにしました。

選《えら》んだ種目《しゅもく》は、800メートルの中距離走《ちゅうきょりそう》です。グラウンドで風を切って走ると、気持ちがすっきりします。しかし、ほかの学校との試合《しあい》に出るとまったく歯が立たず、いい成績《せいせき》を残《のこ》すことはできませんでした。

（やっぱり、これくらいがわたしの実力かな。）

美里《みさと》はそう思って、それほど熱心《ねっしん》に練習をすることもありませんでした。

授業《じゅぎょう》では、数学がとても好《す》きでした。この科目だけはいつもがんばって、テストはほとんど満点《まんてん》です。

美里《みさと》はそのころから、「これだけは負けたくない。」ということに対しては人一倍努力《どりょく》をする、負けずぎらいの性格《せいかく》だったのです。

中学２年生の美里《みさと》。右目の視力《しりょく》を失《うしな》うまでは、ごくふつうの生活をしていた。

手術《しゅじゅつ》をすすめられて

中学校に入ってから、右目の視力《しりょく》は、さらにさがり続《つづ》けていました。お母さんは、山口《やまぐち》県だけでなく、九州《きゅうしゅう》の大学病院にも美里《みさと》を連《つ》れていきましたが、

「地元に大学病院があるなら、そちらで診《み》てもらってください。」

といわれてしまいました。地元の大学病院のお医者さんは、こういいました。

「アイバンクを利用《りよう》して、角膜移植《かくまくいしょく》を受けたらどうですか。そうすれば、また見えるようになるかもしれません。」

角膜《かくまく》は、眼球《がんきゅう》の前の方にあるまくです。これを手術《しゅじゅつ》で移《うつ》しかえることを角《かく》膜移植《まくいしょく》といいます。アイバンクは、目の銀行ともいわれている機関《きかん》で、「自分が死んだとき、自分の目をほかの人の役に立ててほしい。」という人があ

らかじめ登録《とうろく》しています。さまざまな事情《じじょう》でその人が亡《な》くなったとき、移植《いしょく》を待つ人に角膜《かくまく》がとどけられるしくみです。

お母さんは、しばらく考えてうなずきました。

「先生、ぜひお願《ねが》いします！」

しかし美里《みさと》は、しりごみしました。

「手術《しゅじゅつ》だなんて、こわいよ、やだよ……。」

それでもお母さんは、手術《しゅじゅつ》を強くすすめます。

「これ以上《いじょう》見えなくなったらたいへんだよ。大人《おとな》になる前に、きちんと治《なお》した方がいいよ。」

「でも……本当に見えるようになるの？」

「成功率《せいこうりつ》は97パーセントだって。つまり、ほとんど成功《せいこう》するんだってよ。」

「……それなら、手術《しゅじゅつ》を受けることにする。」

つらい手術《しゅじゅつ》

中学2年生の2月、お医者さんから連絡《れんらく》がありました。

「アイバンクから角膜《かくまく》が入りました。移植手術《いしょくしゅじゅつ》をおこないましょう。」

こうして美里《みさと》は、大学病院に入院して右目の角膜移植手術《かくまくいしょくしゅじゅつ》を受けました。

しかし、手術《しゅじゅつ》が終わって麻酔《ますい》が覚《さ》めると、頭を何かでつらぬかれるような、とんでもない頭痛《ずつう》が美里《みさと》を苦しめました。熱《ねつ》も高くあがっています。

「痛《いた》い、痛《いた》いよぉ、お母さーん!」

美里《みさと》は、病院のベッドで泣《な》きさけびました。

お医者さんに聞いてみると、

「手術《しゅじゅつ》のときのぬい方の影響《えいきょう》かもしれません。」

と、もうしわけなさそうにいっています。

2日後《ふつか》にもう一度手術《しゅじゅつ》をすると、ようやく痛《いた》みは引きました。これでよくなったと思い退院《たいいん》し、元気をふるいたたせて、また学校に通いはじめました。ただ、目は引《ひ》き続《つづ》き安静《あんせい》にしなくてはならないため、体育の授業《じゅぎょう》やスポーツは、しばらく禁止《きんし》になってしまいました。

そしてもちろん、走ることもできなくなってしまったのです。

中学3年生の夏

しかし、それから数か月たっても、視力《しりょく》は回復《かいふく》しませんでした。さらに、中学3年生の7月、右の目が、また痛《いた》み出しました。角膜移植《かくまくいしょく》の影響《えいきょう》で、目のなかの水晶体《すいしょうたい》※がふくらんで、破裂《はれつ》しそうになっていたのです。そこで、今

※水晶体《すいしょうたい》…目に入ってくる光を調節《ちょうせつ》する、黒目のなかにある器官《きかん》。凸《とつ》レンズのような形をしている。

度は水晶体《すいしょうたい》をとり出し、人工の水晶体《すいしょうたい》を入れる手術《しゅじゅつ》をしました。

美里《みさと》は、自分の運命《うんめい》をのろいました。

（なぜわたしだけ、こんな目にあうの？　いったいどうして！）

再《ふたた》び角膜《かくまく》移植《いしょく》をすれば、もしかすると視力《しりょく》がもどるかもしれないと、２回目の角膜《かくまく》移植《いしょく》手術《しゅじゅつ》も受けました。中学２年生のときからのわずか半年で、４回目の手術《しゅじゅつ》です。

それでも、右目は見えるようになるどころか、とうとう、完全《かんぜん》に光を失《うしな》ってしまったのです。

美里《みさと》は、心のなかでさけびました。

（だれか、わたしの目をもとにもどして！）

お母さんにも、くってかかりました。

「ぜったい成功《せいこう》するっていったのに！」

「だって……。」

お母さんもつらい思いでした。

それでも、夜はおなかがすくという美里《みさと》のために、書店の仕事のあと毎晩《まいばん》自動車で遠い病院に通い、何もいわずに夜食《やしょく》をとどけました。

車いすのおじさんのことば

こうして中学3年生の夏、美里《みさと》は3か月半もの入院生活を送りました。高校の受験《じゅけん》勉強もしなければなりません。病院が用意してくれた部屋で勉強していると、

「がんばってるね。どれ、ちょっと見てあげようか？」

と、お医者さんや、患者《かんじゃ》さんまで、美里《みさと》に教えにきてくれました。

ある日美里《みさと》は、病院の自動販売機《じどうはんばいき》のコーナーで、車いすにのったおじさんと知り合いました。

聞けばそのおじさんは、交通事故《こうつうじこ》にあって手術《しゅじゅつ》を受けたのに、その手術《しゅじゅつ》が失敗《しっぱい》し、また大きな手術《しゅじゅつ》を受けなくてはならないというのです。

おじさんは、美里《みさと》の話を聞いていいいました。

「神様《かみさま》は、のりこえられる人にしか試練《しれん》をあたえない。わたしは一生車いすの生活を送ることになったけれど、きっと『選《えら》ばれた人』なんだろうね。そしておじょうちゃんも、同じように『選《えら》ばれた人』なんだよ。おたがいめげずに、がんばろうじゃないか。」

右目が見えなくなったあと、はじめて聞いた前向きな考え方でした。

(わたしも、おじさんみたいに思えたらいいな。)

それでも、片方《かたほう》の目が見えなくなったことを、そう簡単《かんたん》に受け入れられるわけがありません。

美里《みさと》は、なげき悲しみました。

(神様《かみさま》、どうしてわたしを選《えら》んだんですか？　選《えら》ばれなくたっていいです。お願《ねが》いですから、もう一度、わたしの右目を見えるようにしてください！)

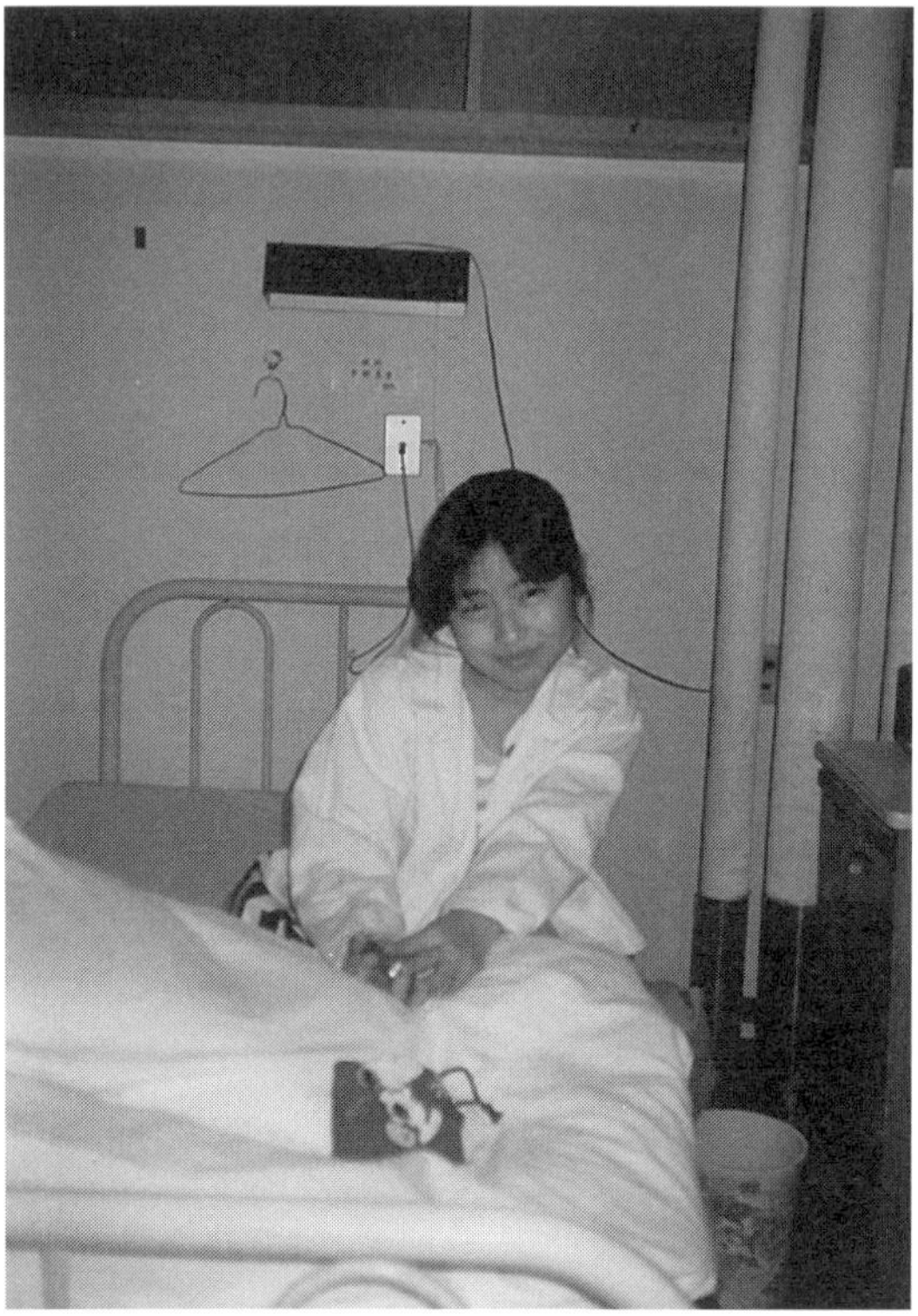

中学３年生のとき。病院で。

第2章

見えていた左目まで

高校から短期《たんき》大学へ進学

中学を卒業《そつぎょう》するまでは、右目が見えなくなった現実《げんじつ》をなかなか受け入れられず、つらい毎日を過《す》ごした美里《みさと》でした。

しかし受験《じゅけん》をのりこえて高校に進むと、少しずつ気持ちも落ち着いてきました。左目はふつうに見えていたので、日常《にちじょう》生活は、まだなんとか送ることができていたのです。

禁止《きんし》されていた運動も、少しずつできるようになりました。ですが体育の授業《じゅぎょう》でバレーボールをするときなど、左目だけだと遠近感《えんきんかん》がつかめません。それでも、自分の右目が見えないとわかると、友だちも気をつかうと思い、美里《みさと》は平気なふりをして高校生活を送りました。

友だちもたくさんできました。そのなかのひとりが、川邉慶子《かわべけいこ》さん、あだ名は「慶《けい》ちゃん」です。世話好《ず》きでしっかり者《もの》の慶《けい》ちゃんは、美里《みさと》のだいじな親友になりました。

そのころの美里《みさと》の大きな夢《ゆめ》は、アイドルになることで、慶《けい》ちゃんたちといっしょにカラオケに行き、人気歌手の歌を歌っては、

（いつか芸能界《げいのうかい》デビューできたらいいなあ！）

と、空想にふけっていました。

ところが現実《げんじつ》は、そううまくいきません。授業中《じゅぎょうちゅう》の発表などで人

高校の修学《しゅうがく》旅行。列車のなかで。右下が美里《みさと》。左上が慶《けい》ちゃん。

高校時代。親友の慶《けい》ちゃんと。

前に立ったとたん、いつもあがって、しどろもどろになってしまいます。

（こんなふうじゃ、アイドルもむずかしいかなあ……。）

アイドルになることは、残念《ざんねん》ながら夢《ゆめ》のままで終わりました。


高校3年生のときにも、なんとか視力《しりょく》がもどらないかと、再《ふたた》び角膜移植手術《かくまくいしょくしゅじゅつ》を受けましたが、やはり見えるようにはなりませんでした。

高校卒業《そつぎょう》が近づくと、美里《みさと》は、現実的《げんじつてき》な進路をいろいろと考えました。

（これからの時代、パソコンを使いこなせないと、どこへ行っても仕事ができないだろうな。）

そう思った美里《みさと》は、福岡工業短期《ふくおかこうぎょうたんき》大学の「OA《オーエー》情報《じょうほう》※システム学科《がっか》」を受験《じゅけん》することにしました。ぶじ合格《ごうかく》し、入学したあとは、短大の近くのアパートの部屋を借《か》り、ひとり暮《ぐ》らしをはじめました。

調理師《ちょうりし》をめざして

ひとり暮《ぐ》らしをはじめた福岡《ふくおか》では、レストランでウェイトレスのアルバイトをはじめました。美里《みさと》はかわいくて、明るい笑顔《えがお》が魅力的《みりょくてき》だったのでしょう、男性《だんせい》たちからもしたわれ、人気者になります。

同じアルバイト先の男子学生からは、ある日とつぜん告白《こくはく》されました。

「好《す》きです。結婚《けっこん》しよう！」

その人とは、その日会ったばかりだというのに！

「ええ？……け、結婚《けっこん》？」

(会ったばかりで結婚《けっこん》だなんて。……変《へん》なことをいう人。)

美里《みさと》は、びっくりすると同時に首をかしげました。しかし彼《かれ》は、会うたび

※OA《オーエー》…オフィス・オートメーション。手作業でおこなっていた事務《じむ》作業を、電子化・自動化して効率的《こうりつてき》にすること。

短大時代。友人宅《ゆうじんたく》で。

に、何度もアタックしてきます。

「ぼくと、おつきあいしてください！」

彼《かれ》は、仕事もできるし優《やさ》しいし、決して悪い人ではなさそうです。

けれどもそのときは、ほかにおつきあいをしている人がいたので、美里《みさと》は「ごめんなさい。」とことわりました。

「そうですか……。」

さすがの彼《かれ》も、そこで引きさがったのでした。


美里《みさと》のそのころの夢《ゆめ》は、将来《しょうらい》自分でレストランを経営《けいえい》することでした。お料理《りょうり》をしたりお菓子《かし》をつくったりすることが、大好《だいす》きになっていたからです。

（おいしいものをつくって、たくさんの人を笑顔《えがお》にさせたいな。）

そこで短大卒業後《そつぎょうご》は、調理師《ちょうりし》の資格《かく》をとるため、レストランに勤《つと》めることにしました。現場《げんば》で2年間経験《けいけん》を積《つ》み、試験《しけん》を受けて合格《ごうかく》すると、調理師免許《ちょうりしめんきょ》をとることができます。

就職《しゅうしょく》したのは、下関《しものせき》駅前にある大きなレストランです。希望《きぼう》通り、和食を担当《たんとう》させてもらいました。

最初《さいしょ》はあまり調理《ちょうり》にかかわらない仕事ばかりでしたが、毎日がむしゃ

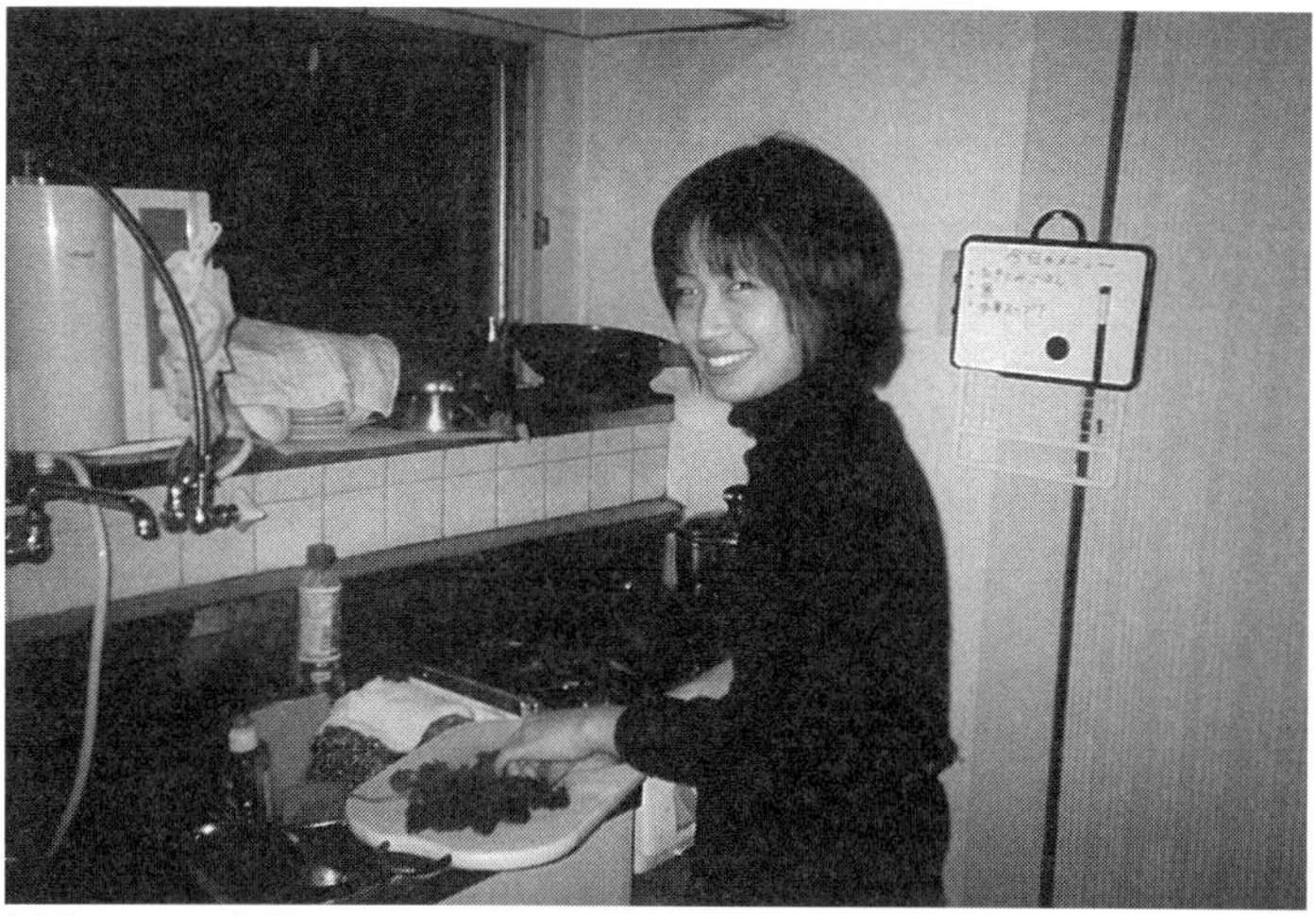

料理《りょうり》をする美里《みさと》。

らに働《はたら》きました。材料《ざいりょう》を切ったり、大きななべを洗《あら》ったり、できあがった料《りょう》理《り》を盛《も》りつけたり、くるくると、こまねずみのように動きまわります。

(がんばろう。自分の夢《ゆめ》をかなえるためだもの!)

とくに年末年始《ねんまつねんし》はいそがしく、深夜まで仕事をしました。

仕事のあいまには資格《しかく》の勉強にはげみ、やっと調理師免許《ちょうりしめんきょ》をとりました。

ところが、夢《ゆめ》への一歩をふみ出したと思った矢先のこと、鏡《かがみ》を見てがくぜんとしました。

「……そ、そんな!」

なんと、左目の黒目にまで白いまくができていたのです。

(もし、両目とも見えなくなったらどうしよう。)

すでに見えなくなった右目も悪化《あっか》して、さらににごりが目立ってきていました。いい知れぬ不安《ふあん》が、美里《みさと》をおそってきます。

レストランでも働《はたら》けなくなって

職場《しょくば》の先輩《せんぱい》に事情《じじょう》を話して、なるべく細かい作業からははずしてもらうことにしました。

ところが、ある日とうとう事件《じけん》が起こります。自分が盛《も》りつけた料理《りょうり》に、髪《かみ》の毛《け》が1本入っていたのを、見のがしてしまったのです。そのままお客さんに出したら、たいへんなことになるところでした。

「盛《も》りつけたのはだれだ！」

料理長《りょうりちょう》が、大声でどなっています。先輩《せんぱい》が、

「すみません、わたしが……。」

とかばってくれましたが、冷《ひ》やあせがふき出しました。

（悪いのはわたしだ。もうこれ以上《いじょう》、この店にめいわくはかけられない。）

「もうしわけありません。左目の視力《しりょく》も落ちてしまいました。店をやめさせてください。」

こうして美里《みさと》は、その店をやめて、実家の書店の手伝《てつだ》いをすることにしました。しかし美里《みさと》の不安《ふあん》は的中《てきちゅう》し、左目はどんどん見えなくなっていきます。

とうとう、お店の伝票《でんぴょう》に文字を書き入れることもできなくなってしまいました。ならんでいる本の背表紙《せびょうし》も読めません。お客さんに、

「ほかの店員さんをよんできて。」

といわれてしまったこともあります。

さらにある日、レジに立っていると、幼《おさな》い女の子が、美里《みさと》の右目がにごっているのを見ていいました。

「お姉ちゃんの目、こわい！」

（……こわい？）

それまで美里《みさと》は、「かわいい」「明るい」といわれたことはあっても、「こわい」といわれたことは一度もありませんでした。

（そんなにわたしの外見《がいけん》はおかしいの？）

いくら子どもがいったこととはいえ、ショックがおさえられません。美里《みさと》はトイレにかけこみました。あとからあとから、涙《なみだ》があふれてきます。

（なぜ、こんなことになったんだろう？　おまけに左目まで見えなくなるなんて。）

必死《ひっし》に大学病院に通い、左目の角膜《かくまく》の表面をけずる手術《しゅじゅつ》もしましたが、効果《こうか》はありませんでした。

友だちにもいえない

友だちには、目がここまで見えなくなったことを素直《すなお》にいい出せませんでした。

（そんなことを知ったら、みんなはきっと気をつかうだろう。友だちとは、今までどおり気楽につきあいたい。）

そう思って、見えているふりを続《つづ》けました。

いっしょに出歩くときも、足もとに段差《だんさ》があってよろけそうなときは、ふざけて友だちにだきついて、ごまかします。バス停《てい》の時刻表《じこくひょう》も暗記して、見えているふりをしました。

ぶじ家に帰ってくると、涙《なみだ》が出てきました。自分の病気を、もんもんとのろい続《つづ》けました。

（このままわたしは、ほかの人たちのお世話になりながら、生きていくんだろうか。レストランも無理《むり》、書店の手伝《てつだ》いもダメ。……ああ、いっそ死んでしまいたい！）

どん底《ぞこ》の日々《ひび》、感情的《かんじょうてき》になっていた美里《みさと》は、とうとうお母さんにこういってしまったのです。

「目が見えなくなったのはお母さんのせいだよ！　手術《しゅじゅつ》なんかすすめたから、右目は見えなくなったの！」

強い口調《くちょう》でいわれても、お母さんは、目をふせてだまっています。いい返したい気持ちもあったでしょう。しかしお母さんは、追いつめられた娘《むすめ》のさけびを、じっと聞いていました。

お母さんの苦労《くろう》

できることが少なくなってきて、ふさぎこんでいた美里《みさと》は、ある日お母さんが知り合いの人と話しているのを、ぐうぜん聞いてしまいました。その人は、気《き》の毒《どく》そうにいっています。

「たいへんねえ。美里《みさと》ちゃんの目が見えなくなって。」

（お母さん、ぜったいにそう思っているだろうな……。）

返事を想像《そうぞう》して苦しくなった美里《みさと》でしたが、お母さんは、きっぱりこう答えました。

「ううん。ぜんぜん、たいへんだと思ったことはないけどね。」

（え？　そんなわけないのに。）

そのころの美里《みさと》は、半分なげやりになっていて、家でごろごろしたり、遊びに行ったり、気ままに過《す》ごしていました。しかしお母さんは、毎日朝から晩《ばん》まで働《はたら》きづめです。つかれて帰ってきても、美里《みさと》に優《やさ》しく接《せっ》してくれます。

自分がどんな態度《たいど》をとっても、これまでひとことも文句《もんく》をいわなかったお母さんを思い出して、美里《みさと》は、はっとしました。

（そうか。お母さんはずっとつらい思いを胸《むね》にしまって、わたしの世話をしてくれていたんだ。入院したときも、毎日病院に通ってくれて、夜食《やしょく》まで運んできてくれた。わたしったら、どれだけお母さんにめいわくをかけていたんだろう。それなのに、やつあたりばかりして……、なんてサイテーなんだろう！）

美里《みさと》は、やっとお母さんの気持ちに気づいたのです。同時に、ずっとあまえていたことを、もうれつに反省《はんせい》したのでした。

ちょうどそのころ、美里《みさと》の病気の正体がわかりました。それは、「膠様滴《こうようてき》状角膜《じょうかくまく》ジストロフィー」という難病《なんびょう》でした。

手術《しゅじゅつ》をすすめたお母さんのせいではなく、10代のころからだんだん視力《しりょく》が落ちていく病気を、もともと持っていたのです。残念《ざんねん》ながら、目が悪くなるのは、さけられない運命《うんめい》だったのです。

（……ごめんなさい、お母さん！）

原因《げんいん》がはっきりして、気持ちの整理もできました。

（これからは、お母さんにもっと安心してもらえるようにしなくちゃ。）

打ちひしがれていた美里《みさと》でしたが、少し前向きな気持ちをとりもどすことができたのです。

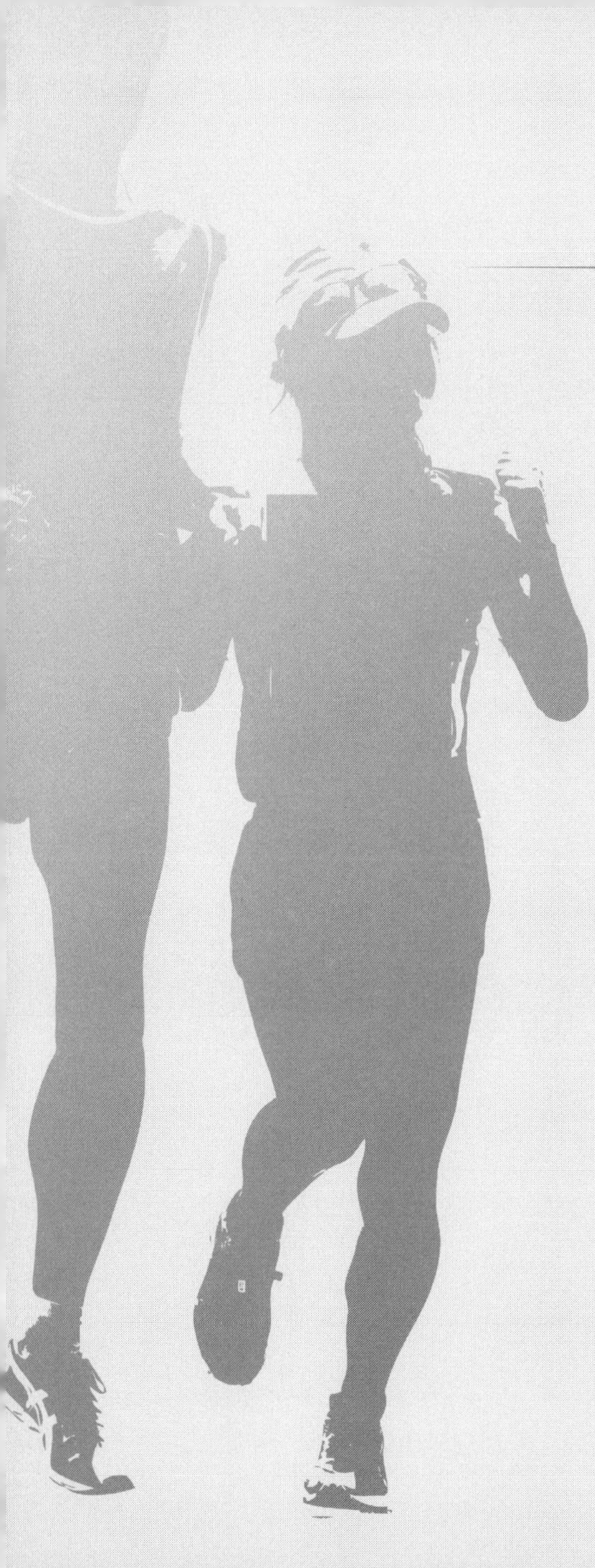

第3章

盲《もう》学《がっ》校《こう》でのカルチャーショック

盲学校《もうがっこう》ってすごい！

2003年春のことです。26歳《さい》になっていた美里《みさと》は、山口《やまぐち》県立盲学校《もうがっこう》（現《げん》在《ざい》の山口《やまぐち》県立下関南総合支援《しものせきみなみそうごうしえん》学校）に入学しました。目が見えなくてもできるマッサージ師《し》や鍼灸師《しんきゅうし》※の資格《しかく》をとるため、「理療《りりょう》科《か》」で3年間勉強することにしたのです。

お母さんは、書店員として教科書を配達《はいたつ》していた関係《かんけい》で、この学校のことをよく知っていました。障《しょう》がいがあっても手に職《しょく》をつければ食べていけると思い、美里《みさと》に入学をすすめたのです。

美里《みさと》は最初《さいしょ》、あまり乗り気ではありませんでした。

（目の見えない人ばかりだから、きっと暗い雰囲気《ふんいき》なんだろうな。）

そんなイメージを持って、校門をくぐると、おどろきました。

「あははは っ!」

「うふふ……。」

みんなが、楽しそうにおしゃべりしている声が聞こえてきます。

入学した理療科《りりょうか》のクラスメイトは、大人《おとな》の男性《だんせい》3人でした。目が見えないはずなのに、平気で階段《かいだん》をかけあがったり、スキップしておりてきたりする姿《すがた》が、わずかに見える美里《みさと》の目にうつりました。

(どうしてそんなことができるの?)

美里《みさと》とちがい、幼《おさな》いころから視覚《しかく》に障《しょう》がいがある人は、慣《な》れた場所の間取りや階段《かいだん》の数を、頭のなかにたたきこんで行動しているのでした。

それまでずっと落ちこんでいた美里《みさと》は、心をゆり動かされるようなショックを受けました。

※鍼灸師《しんきゅうし》…はりやおきゅうを使って治療《ちりょう》をする人。

（目が見えないと何もできないというのは、わたしの勝手な思いこみだったのかもしれない。やり方を工夫《くふう》すれば、できることはまだまだありそう！）

何にでもチャレンジ

盲学校《もうがっこう》の同級生には、料理《りょうり》が好《す》きな男性《だんせい》がいました。

「わたしも、お料理《りょうり》が好《す》きなんです。」

と美里《みさと》がいうと、話がはずみ、その人はこう提案《ていあん》してくれました。

「じゃあ、いっしょに料理《りょうり》クラブをつくりませんか？」

こうして料理《りょうり》クラブを立ちあげ、文化祭では、自分たちが焼《や》いたパウンドケーキを売りました。

レストランでの仕事とちがい、ここでは失敗《しっぱい》をおそれず、自由に料理《りょうり》をすることができます。しかも、同じ障《しょう》がいのある仲間《なかま》がいます。

（ようし、こうなったら、この機会《きかい》に何にでも挑戦《ちょうせん》してみよう。）

盲学校《もうがっこう》の仲間《なかま》たちの影響《えいきょう》で、どんどん気持ちが前向きになった美里《みさと》は、目の見えない友だちとボウリング場にも行き、プレーしてみました。

実家の書店でアルバイトをしていた女性《じょせい》に、スキューバダイビングを教えてもらい、海にももぐりました。

2004年、中国《ちゅうごく》・四国《しこく》地区盲《もう》弁論《べんろん》大会で最優秀賞《さいゆうしゅうしょう》を受賞《じゅしょう》した美里《みさと》。

2年生になると、目の見えない学生たちでカナダにサマーキャンプにも行きました。さらに、盲学校《もうがっこう》の弁論《べんろん》大会に出場。地区大会では最優秀賞《さいゆうしゅうしょう》をかざり、全国大会に出場しました。そしてとうとう、N《エヌ》H《エイチ》K《ケイ》の「のど自慢《じまん》大会」にまで出てしまったのです。残念《ざんねん》ながら予選《よせん》で落ちてしまいましたが……。

お母さんは、盲学校《もうがっこう》の文化祭で司会《しかい》をしている美里《みさと》を見て、本当におどろきました。

「人見知《ひとみし》りだった美里《みさと》が、こうも変《か》わるとは……。」

盲学校《もうがっこう》は、ひとりひとりに光を当て、活躍《かつやく》の場をあたえてくれるところでした。そしてこの学校での生活が、その後の美里《みさと》の人生を大きく変《か》えることになったのです。

体育の授業《じゅぎょう》で再《ふたた》び走る

盲学校《もうがっこう》の理療科《りりょうか》では、1年生のときに体育の授業《じゅぎょう》もありました。生徒《せいと》たちの視力《しりょく》は、人によってさまざまですが、先生は工夫《くふう》していろいろなスポーツをさせてくれます。

見えなくても方向がわかるよう、声を出したり、手をたたいたり、笛や鈴《すず》を鳴らしたりします。どうやって体を動かすか、先生が、生徒《せいと》の手足を直接《ちょくせつ》持って教えることもあります。音が出るボールを使った球技《きゅうぎ》もあります。

学校のプールは、はじから数メートル手前であわが出るしくみになっていて、生徒《せいと》はこのあわにふれることで、ターンしたり、プールのはじにタッチしてゴールしたりすることができます。

美里《みさと》は、この体育の授業《じゅぎょう》で、久《ひさ》しぶりにグラウンドを走ることになりました。女性《じょせい》の体育の先生が、拡声器《かくせいき》で声をかけながら、危険《きけん》がないよう指導《しどう》してくれます。

「さあ、思いきって、こっちに走ってみて。」

「でも……。」

本当にできるでしょうか。転《ころ》んだりぶつかったりするのがこわくて、もう長いこと全力で走ったことなどありませんでした。

しかし、盲学校《もうがっこう》のグラウンドは、芝生《しばふ》のなかに土のトラック※がつくられ、コースがはっきり見えるように工夫《くふう》されています。

当時の美里《みさと》の左目は、コースのシルエットがぼんやり見える程度《ていど》の視力《しりょく》がありました。

(ここなら、なんとかひとりで走れるかも?)

そう思い、美里《みさと》はとうとう、地面をけりました。

(わっ! わたし、走っている!)

中学生のとき、陸上部《りくじょうぶ》で風を切っていたころの記憶《きおく》がよみがえってきます。

(もう二度と、思いきり走れることなどないと思っていたのに……。)

涙《なみだ》が出てきそうでした。

（走れるって、なんて幸せなことなんだろう。）

それからというもの、体育の授業《じゅぎょう》のときだけでなく、放課後《ほうかご》も学校のグラウンドを走るようになりました。じつは、仕事をやめてからというもの、体重がずいぶん増《ふ》えてしまっていました。ダイエットのためにも、続《つづ》けてみようかと思ったのです。

丘《おか》の上にある1周《しゅう》200メートルのグラウンドは、放課後《ほうかご》は人気《ひとけ》もなく、周囲《しゅうい》の目も気にならず、とても静《しず》かです。

走るときだけは、まるで背中《せなか》に羽がはえたような気持ちになり、目が見えなくなったストレスを忘《わす》れることができます。気分も思わず明るくなってくるのでした。

※トラック…競走用《きょうそうよう》の走路《そうろ》。

負けずぎらいに火がついた

毎日放課後《ほうかご》走っている美里《みさと》に、やがて体育の先生がこうすすめました。

「今度北九州《きたきゅうしゅう》で、盲学校《もうがっこう》の生徒《せいと》たちが参加《さんか》する陸上《りくじょう》大会があるわよ。思いきって出てみたら？」

何にでも積極的《せっきょくてき》に取り組む姿勢《しせい》になっていた美里《みさと》は、すぐに出場を決意しました。

（試合《しあい》なんて、久《ひさ》しぶり。でも、同じ目の見えない人どうしなら、気軽《きがる》に走れそう。結果《けっか》なんて関係《かんけい》ないし。）

しかし、楽しみにしていた大会当日、美里《みさと》は風邪《かぜ》をひいてしまい、体調は最悪《さいあく》でした。そして、８００メートル走で、同じ盲学校《もうがっこう》の50代の女性《じょせい》に負けてしまったのです。

（まだ20代のわたしが、50代の人に負けるなんて。あの人は知らぬ間に、いったいどんな練習をしていたんだろう。）

しばらく眠《ねむ》っていた美里《みさと》の負けずぎらいに火がつきます。それからというもの、熱《ねつ》を入れて練習に打ちこむようになりました。

体力をつけるために、学校には徒歩《とほ》で通うことにしました。ふつうの人でも40分くらいかかる距離《きょり》です。加《くわ》えて、筋力《きんりょく》トレーニングもはじめました。

2004年キラリンピック（全国障害者《しょうがいしゃ》スポーツ大会選考《せんこう》大会）800メートル走。

こうして、脚力《きゃくりょく》をつけた美里《みさと》は、盲学校《もうがっこう》の2年生になった2004年5月、今度は「キラリンピック（山口《やまぐち》県障害者《しょうがいしゃ》スポーツ大会）」に出場しました。そして、視覚障《しかくしょう》がい者《しゃ》の60メートル走と800メートル走で、1位《い》を獲得《かくとく》したのです。

「やったあ、金メダルだ！」

知らないうちに先生が申《もう》しこんでいた大会でしたが、それは「全国障害者《しょうがいしゃ》スポーツ大会」の予選《よせん》もかねていたことを、あとになって聞かされました。

「え？　今度は全国大会？　やったー！」

日本障《しょう》がい者《しゃ》スポーツ協会《きょうかい》の人も、練習《れんしゅう》のサポートをしてくれることになり、いよいよ本格的《ほんかくてき》なトレーニングがはじまります。

伴走者《ばんそうしゃ》にたよりたくない

美里《みさと》が走るようすを見た、日本障《しょう》がい者《しゃ》スポーツ協会《きょうかい》の女性《じょせい》は、ある日、こうアドバイスしてくれました。

「伴走者《ばんそうしゃ》をたのんだらどう？　そうすれば、きっともっと速く走れるはずよ。」

伴走者《ばんそうしゃ》とは、視覚障《しかくしょう》がい者《しゃ》とロープの輪《わ》を持ち、走って道案内《みちあんない》をしてくれる人のことです。

短距離《たんきょり》の60メートル走は、まっすぐ走るだけですが、800メートル走は途中《とちゅう》でカーブがあるため、伴走者《ばんそうしゃ》に「左、左、……、まっすぐ。」などと方向を教えてもらった方が走りやすくなります。

しかし、美里《みさと》はむっとして答えました。

「だいじょうぶです。ひとりで走れます。」

（わたしは今、自立しようとがんばっているのに、手伝《てつだ》いをたのめだなんて！　どうしてそんなことをいうの？）

これまで、できるだけまわりの人にめいわくをかけたくないと思ってがんばってきただけに、その気持ちが否定《ひてい》されたように感じたのでした。

けれども実際《じっさい》、まぶしいときなど、コースのラインが見えづらいときもありました。もし本番の慣《な》れないトラックでコースをそれてしまったら、いいタイムが出ないどころか、失格《しっかく》になってしまいます。その女性《じょせい》はいいました。

「無理《むり》してない？　ひとりで何から何までしなくていいのよ。手伝《てつだ》ってほしいときは、素直《すなお》にたのんでみたら？」

それを聞いて、もっと悲しくなりました。

（わたしはやっぱり、だれかの世話にならなくちゃやっていけないの？）

「いいんです。わ、わたしは……、ひとりで走れます！」

思わず、手で涙《なみだ》をぬぐいながら、つっぱねてしまいました。

しかし、冷静《れいせい》に考えてみれば、伴走者《ばんそうしゃ》がいた方が、コース通りに走れていいに決まっています。悩《なや》みぬいたすえ、何日かして、美里《みさと》はこういいました。

「やっぱり、伴走者《ばんそうしゃ》をお願《ねが》いしようと思います。」

元陸上《もとりくじょう》の国体《こくたい》※の選手《せんしゅ》で、背《せ》の高い男性《だんせい》が、美里《みさと》のはじめての伴走《ばんそう》を務《つと》めてくれることになりました。

伴走者《ばんそうしゃ》が美里《みさと》の「目」となり、そばで指示《しじ》してくれると、やはり安心です。走ることに集中できます。

こうして、「全国障害者《しょうがいしゃ》スポーツ大会」の当日をむかえました。

いよいよ、スタート。60メートル走も８００メートル走も、伴走者《ばんそうしゃ》とロープを持ちあっているのに、ひとりで走っているかのようにスムーズです。

そしてなんと、両方のレースで大会新記録《しんきろく》を打ち立てたのです。

（やっぱり、意地《いじ》を張《は》らず、伴走者《ばんそうしゃ》についてもらってよかった。）

「ありがとうございました！」

走り終わると、思わず感謝《かんしゃ》のことばをさけんでいました。

※国体《こくたい》…国民《こくみん》体育大会。都道府県対抗《とどうふけんたいこう》、各都道府県《かくとどうふけん》持ちまわり方式で毎年開催《かいさい》される、国民《こくみん》スポーツの祭典《さいてん》。

これをきっかけに美里《みさと》は、練習や試合《しあい》で、何人もの伴走者《ばんそうしゃ》といっしょに、走っていくことになったのです。

安田《やすだ》先生との出会い

美里《みさと》は、ますます陸上《りくじょう》の練習に打ちこみました。

3年生に進級したとき、前の女性《じょせい》の先生に代《か》わり、新しい体育の先生、安《やす》田祐司《だゆうじ》先生が盲学校《もうがっこう》にやってきました。安田《やすだ》先生は、陸上《りくじょう》の大会に出ていた美里《みさと》に声をかけてくれました。

「走り方を見てあげようか。」

じつは安田《やすだ》先生は、中学、高校ではずっと陸上部《りくじょうぶ》で、短距離走《たんきょりそう》や走り幅《はしりはば》とびで、山口《やまぐち》県のベスト3《スリー》に入る成績《せいせき》を残《のこ》していました。そのあと、福岡《ふくおか》大学の体育学部に進み、体育の先生になったのです。

まずは、ランニングのフォームから、ていねいに指導《しどう》してくれました。

「腕《うで》はもっと、こういうふうにふって……。」

本格的《ほんかくてき》なアドバイスを受け、美里《みさと》の走り方は、ぐんぐん進歩していきました。そしてとうとう3年生の秋、国内最高峰《さいこうほう》の障《しょう》がい者《しゃ》スポーツ競技《きょうぎ》大会であるジャパンパラリンピックに出られることになりました。

2009年のつのしま夕やけマラソンに招待《しょうたい》されて。角島大橋《つのしまおおはし》をバックに安田《やすだ》先生と。

しかし、残念《ざんねん》なことに、このとき美里《みさと》は肺炎《はいえん》にかかり、この年のジャパンパラリンピックに出場できなくなってしまったのです。

（ああ……、なんてついてない。）

家でねこんでいる美里《みさと》に、安田《やすだ》先生がお見舞《みま》いに来てくれました。

「まあ、あせるな。それより早く病気を治《なお》せ。」

安田《やすだ》先生はランニングの指導《しどう》だけでなく、精神的《せいしんてき》にも美里《みさと》をささえ続《つづ》けてくれました。

運命《うんめい》の人との再会《さいかい》

盲学校《もうがっこう》の3年生の冬、卒業《そつぎょう》が近づいたある日のことです。美里《みさと》の携帯《けいたい》電話に、家から電話がかかってきました。

「今、美里《みさと》と連絡《れんらく》をとりたいという男の方《かた》が、店に来ているんだけれど。」

「え？　だれ？」

なんとその人は、短大時代、アルバイト先で美里《みさと》にいきなりプロポーズをした男性《だんせい》でした。あれから9年近くたっています。

(ずっと連絡《れんらく》がなかったのに、いったいどうしたんだろう?)

美里《みさと》は、せっかくだからと、会ってみることにしました。すると、いきなりまた、こういわれたのです。

「結婚《けっこん》してください。ぼくの夢《ゆめ》は、いつかあなたと結婚《けっこん》することです。これは、決してあきらめることのできない夢《ゆめ》なんです。」

「でも、わたしは左目も見えなくなって、今は盲学校《もうがっこう》に通っているんですけれど?」

「かまいません。ぼくと結婚《けっこん》しましょう!」

「ええっ?」

ずっと自分のことを思い続《つづ》けてくれていたことに、美里《みさと》は内心《ないしん》感動しました。けれども今は、結婚《けっこん》のことを考える余裕《よゆう》など、とてもありません。

「すみませんが、今は陸上《りくじょう》が恋人《こいびと》です。」

そういってことわり、連絡先《れんらくさき》だけ交換《こうかん》しました。

しかし彼《かれ》はなぜか、盲学校《もうがっこう》の卒業式《そつぎょうしき》にもやってきて、スーツ姿《すがた》でいっしょに出席《しゅっせき》しました。

（いったい何を考えているんだろう？）

「あの男性《だんせい》はだれですか？」

卒業式《そつぎょうしき》では、まわりの人もふしぎがり、お母さんも心配そうに聞きます。

「美里《みさと》、あの人とつきあっているの？」

「ううん、そういうわけじゃ……。」

誤解《ごかい》を解《と》くのに必死《ひっし》でしたが、それからも彼《かれ》は、「どうしていますか？」と、美里《みさと》にときどき電話をかけてきます。

彼《かれ》のまっすぐな思いは、その後、美里《みさと》の気持ちを少しずつゆり動かしていきました。

第4章 はじめてのフルマラソン

ジャパンパラリンピック

２００６年春、美里《みさと》は盲学校《もうがっこう》を卒業《そつぎょう》し、とった資格《しかく》を活《い》かして、下関《しものせき》のお店でマッサージ師《し》として働《はたら》きはじめました。

安田《やすだ》先生は、卒業後《そつぎょうご》も監督《かんとく》を引き受けてくれ、美里《みさと》の仕事が終わったあと、自動車で送りむかえをし、盲学校《もうがっこう》のグラウンドで練習を続《つづ》けさせてくれました。

ところが、この年の９月、思わぬできごとが起きました。

美里《みさと》の実家の書店が倒産《とうさん》してしまったのです。全国展開《てんかい》のほかの店の勢《いきお》いにおされ、本や雑誌《ざっし》の売れゆきが落ち、経営《けいえい》を続《つづ》けられなくなったのでした。

お父さんとともに店をやってきたお母さんは、苦しい胸《むね》の内《うち》を見せず、美《み》里《さと》にきっぱりといいました。

「倒産《とうさん》は美里《みさと》には関係《かんけい》のないことだから、陸上《りくじょう》をしっかりやりなさい。」

ちょうどまた、ジャパンパラリンピックの季節《きせつ》が訪《おとず》れていました。（去年《きょねん》は肺炎《はいえん》で出場できなかったけれど、今年こそ、両親をはげますためにもがんばろう。）

ジャパンパラリンピックは、いろいろな障《しょう》がいのある選手《せんしゅ》が、さまざまな競技《きょうぎ》で競《きそ》う大会です。美里《みさと》は、陸上《りくじょう》のT《ティー》12というグループに出場することになりました。T《ティー》は、走る動作をふくむ競技《きょうぎ》のことで、走る競技《きょうぎ》と跳躍競技《ちょうやくきょうぎ》（走《はし》り幅《はば》とびや走《はし》り高《たか》とびなど）を意味します。

視覚障《しかくしょう》がいのレベルにも段階《だんかい》があり、11は、一番障《しょう》がいが重い全盲《ぜんもう》（まったく見えない人）のグループ、12は、ほんのかすかに視力《しりょく》があるグループ、13は、それよりもう少し見えるグループです。

当日は、お父さんとお母さんが応援《おうえん》に来てくれました。

「美里《みさと》！　がんばれ！　ファイト！」

すると美里《みさと》は、８００メートル走と１５００メートル走の両方で、日本記《き》録《ろく》を出すことができたのです。

試合《しあい》が終わるとすぐに、美里《みさと》の携帯《けいたい》電話が鳴りました。観客席《かんきゃくせき》のお父さんからです。

「おめでとう！　美里《みさと》！」

仕事一筋《ひとすじ》のお父さんは、もともと口べたな方で、娘《むすめ》に優《やさ》しいことばをかけたことなど、数えるほどしかありませんでした。それなのに、わざわざ電話で「おめでとう。」といってくれたのです。

美里《みさと》は、お父さんが自分を思ってくれている気持ちをひしひしと感じ、目《め》頭《がしら》が熱《あつ》くなりました。

（お父さんも、わたしのこと心配《しんぱい》してくれてたんだ。）

さらに、今回の成績《せいせき》がよかったことで、美里《みさと》は、次の年ブラジルでおこなわれるIBSA《アイビーエスエー》（国際視覚障《こくさいしかくしょう》がい者《しゃ》スポーツ連盟《れんめい》）の世界選手権《せんしゅけん》大会にも出場できることになったのです。

悲しい事故《じこ》

ジャパンパラリンピックでいい記録《きろく》を出すことができて、充実《じゅうじつ》した毎日を過《す》ごしていたある日のことです。朝、マッサージ店に出勤《しゅっきん》した美里《みさと》は、開店前のビルの、止まったままのエスカレーターをかけあがり、上の階《かい》へ水をくみに行こうとしました。

ところが、そのエスカレーターは点検中《てんけんちゅう》で、人が乗る部分を一部とりはずし、下で作業員が仕事をしていたのです。しかし美里《みさと》には、それが見えませんでした。当時、見えている左目の視力《しりょく》も、0・03までさがっていたからです。

しかも作業員のミスで、周囲《しゅうい》には、立ち入り禁止《きんし》を知らせるさくも設《もう》けられていませんでした。

「……あ！　きゃあああああ！」

美里《みさと》はまっさかさまに、その穴《あな》から下に落ちてしまいました。

「だいじょうぶですか？　もうしわけありません！」

美里《みさと》を下で受け止めた作業員も、おどろいています。

いったい何が起きたのか、美里《みさと》はしばらく理解《りかい》できませんでしたが、やがて気がつきました。

「足が、……い、痛《いた》い！」

美里《みさと》は足に大けがを負《お》っていて、急いで病院に行くと、治《なお》るまでに3か月はかかるといわれてしまいました。

白い杖《つえ》を持つことを決心

美里《みさと》は、この事故《じこ》で反省《はんせい》しました。

左目の視力《しりょく》はさらに落ち、ほとんど見えなくなっていたのに、まだ白い杖《つえ》をついていなかったからです。杖《つえ》で足もとを確《たし》かめながら歩けば、こんな事《じ》故《こ》は起こらずに済《す》んだかもしれません。

（やっぱりこれからは、白い杖《つえ》を持とう。その方が安全だし、まわりの人にもめいわくをかけなくて済《す》む。）

けがのために、しばらくは走れません。

（くやしい。でも起きてしまったことは、しかたない。ブラジルの世界選手《せんしゅ》権《けん》まで1年もないけれど、それまでにけがを治《なお》してぜったい出場したい！）

勤《つと》めていたマッサージ店は、この事故《じこ》がきっかけで、結局《けっきょく》、やめることになってしまいました。

「おう。どうだ調子は？」

実家でうつうつとしている美里《みさと》に、安田《やすだ》先生がお見舞《みま》いに来てくれました。そして、美里《みさと》が大好《だいす》きな馬場《ばば》俊英《としひで》の曲《きょく》「スタートライン」が入ったCD《シーディー》に、点字の歌詞《かし》をつけてプレゼントしてくれたのです。

「ありがとうございます！」

あせっている自分を、いつもそっと見守ってくれる安田《やすだ》先生に、感謝《かんしゃ》の気持ちでいっぱいになりました。

けがが治《なお》ると、美里《みさと》はお母さんの友だちの紹介《しょうかい》で、鍼灸院《しんきゅういん》に勤《つと》めることにしました。

院長《いんちょう》先生は、戦争《せんそう》で目が見えなくなった人ですが、90歳《さい》をこえても現役《げんえき》で活躍《かつやく》しています。先生は、美里《みさと》にこう教えました。

「――たえるもの必《かなら》ず志《こころざし》を得《う》る。」

先生は、長年苦労《ながねんくろう》を積《つ》み重《かさ》ね、多くの弟子《でし》を育てて、鍼灸院《しんきゅういん》を大きくしてきた人です。美里《みさと》は、重みのあるそのことばに、

（わたしも、つらくてもたえて、がんばろう！）

という思いを新《あら》たにしたのでした。

ブラジルの国際《こくさい》大会へ

やがて美里《みさと》は2007年5月、「日本身体障害者陸上競技選手権大会《しんたいしょうがいしゃりくじょうきょうぎせんしゅけん》」に

出場しました。

そして、800メートル走と1500メートル走で、けがをする前と同じくらいのタイムを出すことができました。

(これならブラジルの大会に行けそう。)

でも、遠い南《みなみ》アメリカへ行くためには、飛行機代《ひこうきだい》や宿泊費《しゅくはくひ》など、たくさんの費用《ひよう》がかかります。

費用《ひよう》のことを心配していると、なんと地元の人たちが「美里《みさと》さんをはげます会」を結成《けっせい》し、100万円近くの募金《ぼきん》を集めてくれました。

「……す、すごい！　ありがとうございます。がんばってきます。」

こうして、美里《みさと》はブラジルに旅立ちました。

けれども現地《げんち》に着くと、外国の選手《せんしゅ》たちは、身長が144センチしかない美里《みさと》とくらべると、見あげるように大きい人ばかりです。

2007年にブラジルで開催《かいさい》された、第3回 IBSA《アイビーエスエー》 世界選手権《せんしゅけん》大会会場で。
伴走《ばんそう》は北村拓也《きたむらたくや》さん。

（こんな人たちと、いっしょに走るの？）

すっかりおじけづき、８００メートル走では記録《きろく》がのびず、予選《よせん》で落ちてしまいました。

予選《よせん》がない１５００メートル走は、一発勝負です。スタートと同時に前に出て、トップに立ちました。

（このまま行けば、勝てる！）

ずっと順調《じゅんちょう》に走っていましたが、ラストの１周《しゅう》で、思いもかけないことが起こりました。ほかの選手《せんしゅ》が、どんどん追いついてきて、自分と伴走者《ばんそうしゃ》を追いこしていったのです。

（え？　いったい何が起こったの？）

結局《けっきょく》、結果《けっか》は5位《い》に終わりました。

走る気力がなくなって

美里《みさと》は、がくぜんとしました。

（情《なさ》けない。作戦《さくせん》負けだ。ほかの選手《せんしゅ》は、ようすを見ながら走って力を残《のこ》して、最後《さいご》に勝負に出たんだ。そんなかけ引きもできないで、最初《さいしょ》から全力で走っちゃうなんて……。）

しかも、美里《みさと》の記録《きろく》5分15秒は、トップの選手《せんしゅ》より36秒も遅《おそ》かったのです。

これでは今後も、とても歯が立ちそうにありません。

（やっぱり世界との壁《かべ》は厚《あつ》いなあ。もう、限界《げんかい》かもしれない。）

こうして美里《みさと》は、すっかりやる気をなくしてしまいました。練習にも熱《ねつ》が入らず、北京《ペキン》パラリンピックの最終選考会《さいしゅうせんこうかい》をかねた九州《きゅうしゅう》パラリンピックでは、ひどい成績《せいせき》を残《のこ》してしまいました。

（もうだめだ。走ることはあきらめよう。）

安田《やすだ》先生もそんなようすを見て、「しばらく休め。」といってくれ、美里《みさと》は走るのをやめてしまいます。

マラソンを楽しく走る

目標《もくひょう》をなくしてしまい、落ちこむ日々《ひび》が続《つづ》きました。そんなとき、「美里《みさと》さんをはげます会」の人が、

「今度、下関《しものせき》ではじめてマラソン大会が開催《かいさい》されるらしいよ。みっちゃんも走ってみたら。」

と声をかけてくれました。これまで美里《みさと》が出場していたレースは、おもに、800メートルや1500メートルの中距離走《ちゅうきょりそう》でしたが、じつはまわりの人からも、長距離《ちょうきょり》の方が向いているのではないかといわれていました。

（え？　地元でマラソン大会が？　それなら、走ってもいいかな……。）

美里《みさと》もみんなからはげまされ、だんだんやる気がもどってきます。安田《やすだ》先生にも相談しました。

「今度の下関《しものせき》のマラソンで、走ってみたいと思うんですが。」

「よし。美里《みさと》が走りたいなら、練習見てやるぞ！」

こうして、1か月休んだあと、再《ふたた》び練習がはじまりました。本番の42・195キロに備《そな》えて、2週間に1回は、20キロを走ります。

伴走者《ばんそうしゃ》を探《さが》していると、知り合いから、山口県庁陸上部《やまぐちけんちょうりくじょうぶ》のキャプテン・十河義典《そごうよしのり》さんを紹介《しょうかい》されました。十河《そごう》さんはいいます。

「せっかくだから楽しく走りましょう。笑顔《えがお》で走れば、苦しいときもがんばれますよ。」

「そうですね。今回は、記録《きろく》は気にせず、ひたすら楽しく走ってみます！」

２００８年11月16日、「第１回下関海響《しものせきかいきょう》マラソン」当日。美里《みさと》は、目の見える一般《いっぱん》の選手《せんしゅ》に混《ま》じって走ります。

十河《そごう》さんのほかに、盲学校《もうがっこう》の先生３人が、伴走《ばんそう》を務《つと》めてくれました。十河《そごう》さんが最初《さいしょ》の20キロを走り、フルマラソンの経験《けいけん》のない先生３人は、残《のこ》りを分担《ぶんたん》して伴走《ばんそう》します。

（やっぱり、わたしは走るのが好《す》き。）

こうして初出場《はつしゅつじょう》のフルマラソンを、ぶじ楽しく走りきることができました。

マラソンでは、競技場《きょうぎじょう》のなかだけを走るのとはちがい、ほかの選手《せんしゅ》や沿道《えんどう》の人たちが、気軽《きがる》に応援《おうえん》の声をかけてくれます。

「がんばれ！」

「ファイト！」

この雰囲気《ふんいき》も、美里《みさと》は大好《だいす》きになりました。

翌《よく》2009年4月には、「国際盲人《こくさいもうじん》マラソンかすみがうら大会」に出場。「美里《みさと》さんをはげます会」の人や、お父さんやお姉ちゃんまで応援《おうえん》にかけつけてくれました。開催地《かいさいち》の茨城《いばらき》の人たちも、沿道《えんどう》で大声援《だいせいえん》を送ってくれています。すると、今度はなんと優勝《ゆうしょう》してしまったのです！

一時は走るのをやめてしまった美里《みさと》ですが、長距離《ちょうきょり》のマラソンなら続《つづ》けていけそうだと、だんだん自信《じしん》がもどってきたのでした。

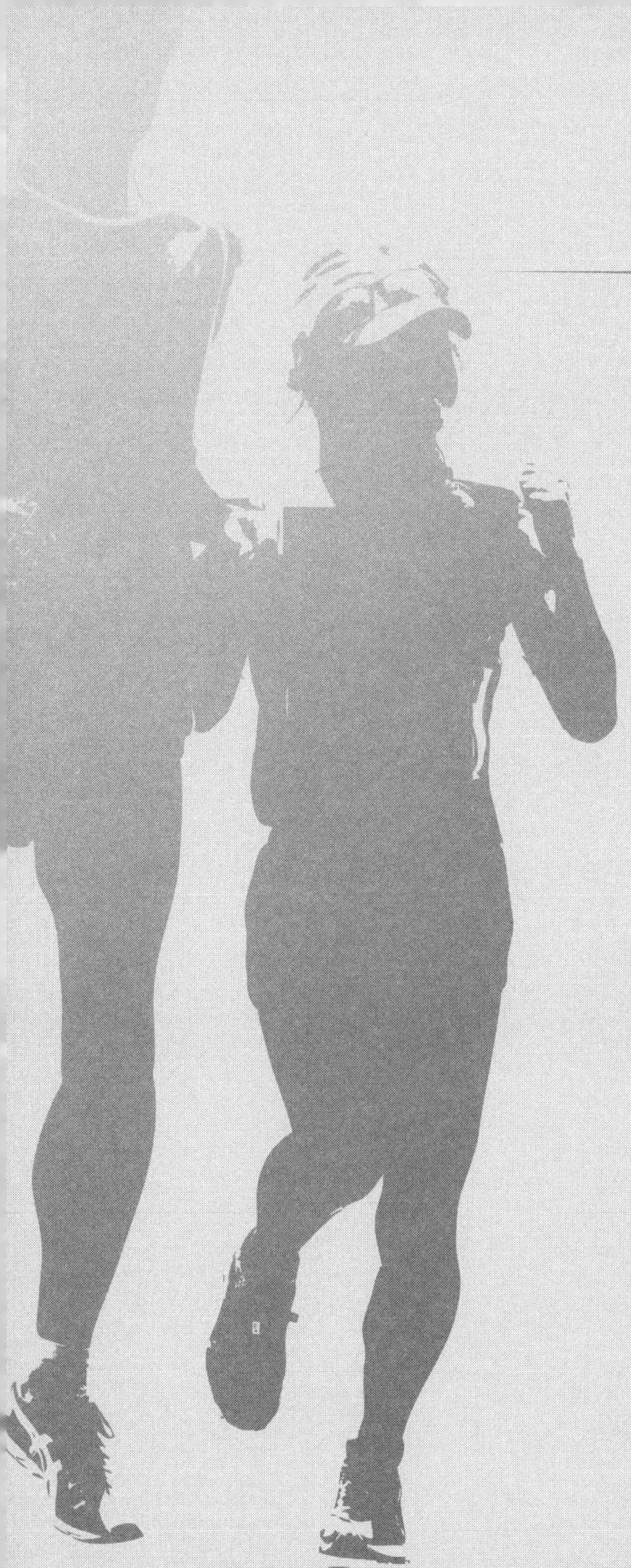

第5章

走ることが出会いにつながる

ゴールイン！

そのころ美里《みさと》は、もうひとつ、人生の一大決心をしました。14年前、出会ったその日にプロポーズしてきたあの彼《かれ》、「道下孝幸《みちしたたかゆき》さん」と、結婚《けっこん》することにしたのです。

左目も悪くなってからというもの、美里《みさと》はだれかとつきあうことに、おっかなびっくりになっていました。結局《けっきょく》うまくいかず、悲しい思いをするのがいやでした。

じつは以前《いぜん》、美里《みさと》の目がほとんど見えなくなったことを知ったとたん、はなれていった男性《だんせい》もいました。障《しょう》がいをのりこえての結婚《けっこん》は、なかなかたいへんなことだろうと、美里《みさと》も感じていたのです。

しかし、孝幸《たかゆき》さんの気持ちは、何年たってもゆるぎません。

目が不自由《ふじゆう》な美里《みさと》の介助《かいじょ》をどのようにしたらいいのかも、熱心《ねっしん》に調べてくれていました。本当に自分のことを思ってくれていることが、じいんと感じられました。

（……だったら、信《しん》じてみようかな。）

彼《かれ》は、だれよりも自分を理解《りかい》してくれます。実直《じっちょく》な性格《せいかく》も、たのもしく感じられました。

こうして美里《みさと》の気持ちは、だんだん孝幸《たかゆき》さんにかたむいていき、ついにゴールインとなったのです。

慶《けい》ちゃんとの言い合い

独身最後《どくしんさいご》の旅行をしようと、高校時代の友だち川邉慶子《かわべけいこ》さんと、いっしょに京都《きょうと》へ出かけることにしました。楽しい旅になりそうでしたが、反面《はんめん》、不《ふ》安《あん》もありました。

慶《けい》ちゃんとは、最近《さいきん》はたまに会うだけです。久《ひさ》しぶりに長い時間いっしょにいれば、美里《みさと》の目が高校のときよりもさらに悪くなっていることに気がつくでしょう。それを考えると、気が重くなってきます。

（いったいどう思われるかな。もしかしたら、めんどくさく感じて、自分からはなれていってしまうかも。だいじな友だちを、失《うしな》いたくないのに……。）

そこで旅行では、白い杖《つえ》をつかず、見えるふりを続《つづ》けました。

まだそのころは、日によって見え方も変《か》わっていたため、自分でどこまでできて何ができないか、どんな助けが必要《ひつよう》で何をたのむべきなのか、よくわかっていませんでした。できれば手を貸《か》してもらわず、自分でやりたいという気持ちもありました。

しかし、お寺や神社をたずねてまわると、つまずいたり、ぶつかりそうになったり……。横にいる慶《けい》ちゃんは、転《ころ》ばないかとはらはらしています。

「だいじょうぶ？　わたしにつかまる？」

「ううん、平気。気にしないで！」

美里《みさと》は、強気《つよき》にいい返します。しかし、せっかくの観光《かんこう》なのに、慶《けい》ちゃんの写真もとってあげられません。

お店でご飯《はん》を食べるときには、テーブルの上のどこに何の料理《りょうり》があるのかわかりません。何気《なにげ》なく「これ何？」と、料理《りょうり》の種類《しゅるい》を聞くと、慶《けい》ちゃんのはっとする気配《けはい》がしました。美里《みさと》は、おはしを置《お》いて、うつむきました。

（やっぱり、引いちゃってる。悪いな。めいわくかけて。）

ふたりの旅行は、どんどん暗い雰囲気《ふんいき》になってきました。

（旅行なんて、やめておけばよかったんだ……。）

くたくたになって宿に着きました。ふきげんになっていた美里《みさと》は、慶《けい》ちゃんに、つい、こんなことをいってしまいました。

「ごめん。わたしなんかといっしょで、つまらなかったね……。」

慶《けい》ちゃんは、おどろいたようすでいいました。

「なんでそんなことというの？」

「だって、めいわくだったでしょ。」

「……めいわくだなんて！　それより、なぜ目のことを正直にいわないの！どこまで見えているかわからないと、何を手伝《てつだ》えばいいのかもわからない。わたしだって、つかれる。」

「ああそう！　やっぱりつかれるんだ！」

「……だからちがうって。危《あぶ》ないなら、わたしの手につかまっていいのに。美里《みさと》は、ひとりで無理《むり》してる。なんで、もっと素直《すなお》にあまえないの？」

慶《けい》ちゃんのまっすぐなことばに、美里《みさと》は、胸《むね》がつまりました。

「……ごめんね。本当はわたし、左目も悪くなって、もうほとんど視力《しりょく》がないの。でも、こんなに見えなくなったと知ったとたん、はなれていってしまう人もいて。それがこわくて……。つらくて……。」

おさえていた気持ちがあふれ、ぽろぽろと涙《なみだ》がこぼれ落ちました。

すると慶《けい》ちゃんは、きっぱりといいました。

「そんなことが原因《げんいん》ではなれていくなら、それまでの人ってことだよ。美里《みさと》は、そのままの美里《みさと》でいい。杖《つえ》をつきたかったらつけばいいの。美里《みさと》の目がどんなに悪くなろうと、わたしはこれからも、美里《みさと》の友だちだよ。」

「……慶《けい》ちゃん！」

慶《けい》ちゃんとの言い合いで、美里《みさと》は大反省《だいはんせい》しました。悩《なや》みごとをひとりでかかえていても、何もいいことはありません。

――信頼関係《しんらいかんけい》は、まずちゃんと伝《つた》えることからはじまる。――自分をさらけ出すことを、ためらってはいけない。美里《みさと》はこの旅で、慶《けい》ちゃんからとてもだいじなことを教えてもらったのでした。

友だちの川邉慶子《かわべけいこ》さんと。

主婦《しゅふ》になって

2009年8月、下関《しものせき》から九州《きゅうしゅう》の福岡《ふくおか》県に引《ひ》っ越《こ》し、孝幸《たかゆき》さんと結婚《けっこん》しました。主婦《しゅふ》として、料理《りょうり》やせんたく、そうじなどの家事をすべてこなします。

得意《とくい》な料理《りょうり》は、「煮物《にもの》」です。視力《しりょく》が弱くても材料《ざいりょう》が見えやすい「黒いまな板」があると知ってからは、それを愛用《あいよう》するようになりました。マンションの部屋にあるものの配置《はいち》はすべて覚《おぼ》えて、手さぐりでも生活できるようにしています。

夫《おっと》の孝幸《たかゆき》さんは郵便物《ゆうびんぶつ》を見てくれたり、出かけるとき車で送りむかえをしてくれたり、買い物やそうじを手伝《てつだ》ってくれたりします。

結婚《けっこん》してしばらくは、環《かん》境《きょう》が大きく変《か》わったため、走ることからしばらく遠ざ

美里《みさと》と孝幸《たかゆき》さんの結婚式《けっこんしき》。

かっていました。けれども、生活が落ち着いてくると、やはりまた走りたくて、うずうずしてきます。しかしここには、いっしょに走ってくれる人がいません。

（どうしたらいいだろう……。）

美里《みさと》は腕組《うでぐ》みをして考え、決心しました。

（こうなったら、自分で走る仲間《なかま》を見つけるしかない！）

さっそく福祉《ふくし》センターに出かけていき、いっしょに走ってくれるランナーを紹介《しょうかい》してもらいました。何人かに出会ううち、やがて「大濠公園《おおほりこうえん》ブラインドランナーズクラブ」の存在《そんざい》を知ります。

このクラブは、福岡《ふくおか》市の大濠公園《おおほりこうえん》をおもな活動場所にした、目の不自由《ふじゆう》な人の運動不足《うんどうぶそく》を解消《かいしょう》することなどを目的《もくてき》に結成《けっせい》された集まりでした。

目の不自由《ふじゆう》なランナーと、それをサポートする伴走者《ばんそうしゃ》が所属《しょぞく》していて、当時のメンバーは15人ほどでした。

「わたしも、仲間《なかま》に入れてくれませんか？」

美里《みさと》が申《もう》し出ると、みんなは喜《よろこ》んで受け入れてくれました。

「いっしょに楽しく走りましょう！」

パラリンピックをめざしませんか？

大濠公園《おおほりこうえん》は、都会のなかにあるとは思えないほど緑ゆたかなところで、中央に池があり、周囲《しゅうい》に1周《しゅう》2キロのランニングコースがつくられています。

クラブの練習に参加《さんか》しはじめると、美里《みさと》は、ほかのメンバーの元気で積極《せっきょく》的《てき》なことにおどろきました。85歳《さい》で、5キロの大会に初出場《はつしゅつじょう》する女性《じょせい》もいました。

(わたしも負けられないっ!)

美里《みさと》は、水を得《え》た魚のように、仲間《なかま》たちと、わいわいいいながら練習し、いろいろなマラソン大会に出場するようになりました。

2010年には、再《ふたた》び下関海響《しものせきかいきょう》マラソンに出場して、3時間19分42秒の記《き》録《ろく》を出しました。

クラブのメンバーのなかには、フルマラソンより長い距離《きょり》を走るウルトラマラソンに出ている人もいて、美里《みさと》もさそわれます。

「え? 100キロ? そんなにわたしも走れるかしら?」

「心配ないよ、だいじょうぶ。楽しいから!」

こうして美里《みさと》は、2012年、「山口《やまぐち》100萩往還《はぎおうかん》マラニック大会」で70キロ、「阿蘇《あそ》カルデラスーパーマラソン」では100キロを完走《かんそう》しました。

しかしこうなると、伴走《ばんそう》してくれる人も、よほど足に自信《じしん》がないと務《つと》まりま

2012年、山口《やまぐち》100萩往還《はぎおうかん》マラニック大会のゴールイン。伴走《ばんそう》は樋《ひ》口《ぐち》さん。

せん。

萩往還《はぎおうかん》をいっしょに走ってくれたのは、歯科医師《しかいし》の樋口敬洋《ひぐちたかひろ》さんです。山道を走るコースなので、危険《きけん》だからとなかなか伴走者《ばんそうしゃ》が決まらなかったところ、名乗《なの》り出てくれました。

阿蘇《あそ》でいっしょに走ってくれたのが、大濠公園《おおほりこうえん》ブラインドランナーズクラブの代表、江口裕《えぐちゆたか》さんです。ウルトラマラソンの経験《けいけん》がゆたかな江《え》口《ぐち》さんは、美里《みさと》をはげましながら、阿蘇《あそ》の100キロを伴走《ばんそう》しました。

江口《えぐち》さんはそのあともずっと、美里《みさと》の応援団長《おうえんだんちょう》のような存在《そんざい》として美里《みさと》をささえ続《つづ》けています。

長距離《ちょうきょり》を走り通した美里《みさと》は、野心《やしん》がまたむくむくとわいてきました。

（ここまで走れたのなら、地元の下関海響《しものせきかいきょう》マラソンでも記録《きろく》をねらってみようかな。）

この大会で3時間15分を切れば、世界規模《きぼ》の「大阪国際《おおさかこくさい》女子マラソン」の出場権《しゅつじょうけん》も得《え》られるといいます。

そして挑戦《ちょうせん》してみると、タイムは、3時間14分54秒。ぎりぎり3時間15分を切ることができました。とうとう、あこがれとしていた大阪国際《おおさかこくさい》女子マラソンに参加《さんか》できることになったのです。

下関《しものせき》での大会が終わったころのある日、「日本盲人《もうじん》マラソン協会《きょうかい》」（現在《げんざい》の日本ブラインドマラソン協会《きょうかい》）から電話がかかってきました。

「リオのパラリンピックで、もしかすると女子マラソンが正式種目《せいしきしゅもく》になるかもしれません。道下《みちした》さんも強化選手《せんしゅ》になって、協会《きょうかい》の指導《しどう》を受けて練習しませんか？」

「え？　リオのパラリンピックで走れるかもしれないんですか？」

２０１６年のパラリンピックは、南米《なんべい》ブラジルのリオデジャネイロで、オリンピックとともに開かれます。もしそこで視覚障《しかくしょう》がい者《しゃ》の女子マラソンのレースがおこなわれれば、世界的《せかいてき》に注目される試合《しあい》になることは間違《まちが》いありません。

胸《むね》がドキドキしてきました。夫《おっと》の孝幸《たかゆき》さんに相談すると、こんな返事が返ってきました。

「美里《みさと》が出たいなら応援《おうえん》するよ。パラリンピックが終わったあと、燃《も》えつきたりしなければね。」

数年前、国際《こくさい》大会での結果《けっか》がふるわなかったことから深く落ちこんでしまった美里《みさと》の姿《すがた》を、孝幸《たかゆき》さんは覚《おぼ》えていたのです。美里《みさと》は決意を新《あら》たにして、強化選手《せんしゅ》への道を歩むことにしました。

これからは、日本盲人《もうじん》マラソン協会《きょうかい》のコーチが立てたトレーニングメニューに沿《そ》って練習し、強化合宿にも参加《さんか》していくことになります。

2012年11月下関《しものせき》海響《かいきょう》マラソン。伴走《ばんそう》は、左が國武《くにたけ》良真《よしまさ》さん、右が樋口《ひぐち》さん。

下関《しものせき》海響《かいきょう》マラソンのゴール後に、みんなと。

いつもこの曲《きょく》にはげまされて
～美里《みさと》が大好《だいす》きな曲《きょく》～

スタートライン～新しい風

作詞《さくし》・作曲《さっきょく》　馬場俊英《ばばとしひで》

もうダメさ　これ以上《いじょう》は前に進めない
そんな日が　誰《だれ》にだってある

だけど　雨でも晴れても何でもいつでも
その気になりゃ　何度でもやり直せる　何度でも

これからのことを思うと　負けそうになる
心配なことがあって　しゃがみそうになる
あと少しだけ　もう少し　強くならなくちゃ
でも　大切なことはいつも　誰《だれ》も教えてくれない

だから　そうだよ
くじけそうな時こそ　遠くを見るんだよ
チャンスは何度でも　君のそばに

スローテンポで静《しず》かな曲《きょく》ですが、この歌には、聴《き》いている人への力強い応援《おうえん》メッセージがこめられています。人生うまくいかないことも多いけれど、もう少しがんばれば、また新しいスタートラインに立てる、という内容《ないよう》です。美里《みさと》は、歌詞《かし》のなかの「チャンスは何度でも君のそばに」というフレーズに何回救《すく》われたかわからないといいます。「スタートライン」という題名も、ランナーの美里《みさと》にはぴったりですね。

（歌詞《かし》は抜粋《ばっすい》して一部を掲載《けいさい》しています。）

第6章

チーム道下《みちした》、世界に挑戦《ちょうせん》！

伴走者《ばんそうしゃ》を探《さが》して

２０１３年1月に初出場《はつしゅつじょう》した大阪国際《おおさかこくさい》女子マラソンでは、一般《いっぱん》の人たちに混《ま》じって、伴走者《ばんそうしゃ》といっしょに走りました。記録《きろく》はさらにのびて、３時間９分55秒。

そして、その年の暮《く》れに山口《やまぐち》県でおこなわれた「防府読売《ほうふよみうり》マラソン」にも出場すると、さらに速い３時間６分32秒を出すことができました。これは日本記録《きろく》です。ついにＩＰＣ《アイピーシー》（国際《こくさい》パラリンピック委員会）のワールドランキングに名前がのりました。

しかし、ひとつこまったことがありました。それまでも美里《みさと》は、何人もの伴走者《ばんそうしゃ》にロープを持ってもらい、練習で走ったり試合《しあい》に出場したりしてきました。

ところがスピードがあがるにつれ、いっしょに走れる伴走者《ばんそうしゃ》の候補《こうほ》が減《へ》ってきたのです。かなり足の速い人でないと、美里《みさと》のことを余裕《よゆう》を持ってサポートすることができません。

そんななか、美里《みさと》はあこがれのロンドンマラソンに招待《しょうたい》されました。この大会は、ＩＰＣ《アイピーシー》の世界選手権《せかいせんしゅけん》もかねています。

（ぜったいロンドンで走りたい！　でもいったい、だれに伴走《ばんそう》をたのめばいいんだろう？）

「みっちゃんが走れなくなったら、たいへんだ！」

周囲《しゅうい》の人たちもあわてました。

大濠公園《おおほりこうえん》ブラインドランナーズクラブの江口《えぐち》さんをはじめとしたほかのメンバーたちは、美里《みさと》の伴走者《ばんそうしゃ》を急いで探《さが》しはじめます。

伴走者《ばんそうしゃ》の役割《やくわり》

ところで、美里《みさと》の伴走者《ばんそうしゃ》（ガイドランナー）たちは、どんなことに気をつけながら、いつもいっしょに走っているのでしょうか。

伴走者《ばんそうしゃ》が選手《せんしゅ》といっしょに持つロープの長さは、IPC《アイピーシー》の規則《きそく》では、1メートル以下《いか》と決められています。

また、伴走者《ばんそうしゃ》は、選手《せんしゅ》より前に出てはいけない決まりになっています。

伴走者《ばんそうしゃ》が第一に心がけるのは、選手《せんしゅ》を安全に走らせることです。目が見えないと、小石が転《ころ》がっていても、坂道になっていてもわかりません。ほかのランナーが近づいてきて、ぶつかりそうになることもあります。

そのため伴走者《ばんそうしゃ》は、そばについて走りながら、たとえば曲《ま》がり角《かど》では「右45度」と、短《みじか》いことばでわかりやすく方向を教えます。

同時に大切なのは、選手《せんしゅ》を安心させることです。周囲《しゅうい》のようすがわからないまま走るのは、じつはとてもこわいことだからです。そばに車が来ているときも、「このまま行って、だいじょうぶ!」と、状況《じょうきょう》を伝《つた》えることばをかけ、選手《せんしゅ》を落ち着かせます。

理想的《りそうてき》なのは、二人三脚《ににんさんきゃく》のようにピッチ(歩幅《ほはば》)をぴたりとそろえることです。

しかし、短《みじか》い距離《きょり》ならいざ知らず、マラソンで長い間足の動きを合わせていると、伴走者《ばんそうしゃ》の方が無理《むり》をしすぎて足を痛《いた》めてしまいます。美里《みさと》の身長は144センチですが、背《せ》の高い男性《だんせい》が伴走《ばんそう》をすると、身長の差《さ》が30センチ近くになり、ピッチは大きくちがってきます。そこで美里《みさと》の伴《ばん》走者《そうしゃ》たちは、足を全部合わせきるのではなく、手の動きだけ、しっかり合わせるようにしています。

伴走者《ばんそうしゃ》が大きく腕《うで》をふると、選手《せんしゅ》は、自由に腕《うで》をふることができなくなります。そのため伴走者《ばんそうしゃ》は自分の腕《うで》ふりはひかえ、ロープを選手《せんしゅ》の方にゆるませて、できるだけじゃましないようにします。

また、伴走者《ばんそうしゃ》は走ることだけでなく、選手《せんしゅ》の目となっていろいろな手伝《てつだ》いをします。試合前《しあいまえ》に、申《もう》しこみの手続《てつづ》きをすることもあります。同性《どうせい》の伴走《ばんそう》者《しゃ》なら、ロッカー室やトイレの場所も案内《あんない》します。沿道《えんどう》に知り合いの人がいたり、応援《おうえん》の横断幕《おうだんまく》があったりしたら伝《つた》えます。

場合によっては、「橋が見えてきたよ！」と、周囲《しゅうい》の風景《ふうけい》を説明《せつめい》することもあります。

さらに、伴走者《ばんそうしゃ》は腕時計《うでどけい》を見て、途中《とちゅう》の通過《つうか》タイムを確認《かくにん》します。美里《みさと》の伴走者《ばんそうしゃ》は、ペースをあげた方がいいときは、「半歩前！」などのことばを使って、ピッチを少しあげるように指示《しじ》しています。

給水所《きゅうすいじょ》では、ボトルに入った水をとって選手《せんしゅ》にわたし、自分も飲みます。とくにマラソンでは、伴走者自身《ばんそうしゃじしん》が、途中《とちゅう》でつかれないようにすることもとても大切です。

選手《せんしゅ》と伴走者《ばんそうしゃ》が協力《きょうりょく》しあう視覚障《しかくしょう》がい者《しゃ》のマラソンは、まさにチームどうしの戦《たたか》いです。

新しい伴走者《ばんそうしゃ》との出会い

「どこかに、優秀《ゆうしゅう》な伴走者《ばんそうしゃ》はいないか。」

江口《えぐち》さんたちは、あちこちに声をかけてロンドンマラソンでの美里《みさと》の伴走《ばんそう》者《しゃ》を探《さが》しました。

まずひとり目の伴走者《ばんそうしゃ》は、これまでもいっしょに走っていた歯科医師《しかいし》の樋《ひ》口《ぐち》敬洋《たかひろ》さんにお願《ねが》いしました。

けれども世界大会ともなれば、あともうひとり伴走者《ばんそうしゃ》がいて、途中《とちゅう》で交代《こうたい》した方が、最後《さいご》までペースを落とさずに走れるはずです。

しかし、なかなか見つかりません。ある優秀《ゆうしゅう》な伴走者《ばんそうしゃ》にも声をかけてみましたが、子どもが生まれたばかりで、あいにくロンドンまでは行けそうにないといわれてしまいました。

そんななか、新しい人物の名が浮《う》かびあがってきました。江口《えぐち》さんが、ポンといったのです。

「そういえば、あの人は速いらしいぞ！」

それは、大濠公園《おおほりこうえん》ブラインドランナーズクラブに入ってきたばかりの、堀《ほり》内規生《うちのりたか》さんでした。

堀内《ほりうち》さんは、それまで東京《とうきょう》で働《はたら》いていましたが、転職《てんしょく》して地元の福岡《ふくおか》に帰ってきたところでした。

小学校から高校までは野球に打ちこんで日本体育大学に進み、就職《しゅうしょく》してからマラソンをはじめました。走りはじめてからすぐに視覚障《しかくしょう》がい者《しゃ》の伴走《ばんそう》に興味《きょうみ》を持ち、東京《とうきょう》でも伴走《ばんそう》をした経験《けいけん》がありました。

伴走《ばんそう》することが楽しく、大好《だいす》きだといいます。足も速く、美里《みさと》のサポートをするにはもってこいです。

江口《えぐち》さんが、堀内《ほりうち》さんに声をかけます。

「ロンドン、走らんか？」

美里《みさと》も、もし堀内《ほりうち》さんが走ってくれたらうれしいと、いい返事を心待ちにしました。

けれども、イギリスまでいっしょに行くためには、堀内《ほりうち》さんは、会社を休まなくてはなりません。転職《てんしょく》したばかりなのに、許《ゆる》してもらえるでしょうか。

2013年末、大濠《おおほり》公園《こうえん》で樋口《ひぐち》さん、堀《ほり》内《うち》さんとの練習会。

堀内《ほりうち》さんは、おそるおそる上司《じょうし》に相談しました。すると、

「そういうことなら、ぜひ行ってこい！」

と送り出してもらうことができたのです。

「よかった。理解《りかい》のある会社で。」

これで、ロンドンマラソンの伴走者《ばんそうしゃ》ふたりが、ぶじに決まりました。

3時間を切りたい！

堀内《ほりうち》さんが加《くわ》わったころから、美里《みさと》と伴走者《ばんそうしゃ》、支援者《しえんしゃ》のグループは、「チーム道下《みちした》」とよばれるようになりました。

2014年４月、ロンドン世界選手権《せんしゅけん》で。伴走《ばんそう》の樋《ひ》口《ぐち》さん、堀内《ほりうち》さんと、銀メダルのプレートを手に。

みんなからの熱《あつ》い応援《おうえん》。

２０１４年４月、念願《ねんがん》のロンドンの世界選手権《せんしゅけん》にチーム道下《みちした》が出場すると、結果《けっか》は銀メダル！

しかし、美里《みさと》の記録《きろく》は３時間９分40秒と、自己《じこ》の最高記録《さいこうきろく》に少しおよびませんでした。金メダルの選手《せんしゅ》のタイムは、２時間59分22秒です。その差《さ》は10分以上《いじょう》。負けずぎらいの美《み》里《さと》は、くやしくてたまりません。

（やっぱり３時間を切らなければ、世界に通用しないんだ。でも、わたしもまだまだ速くなれるはず。）

そこで、それからは、毎月最低《さいてい》400キロを走りこんで練習することを決意しました。400キロといえば、東京《とうきょう》から大阪《おおさか》までの直線距離《ちょくせんきょり》です。それを毎月走るのです。1日あたりの平均距離《へいきんきょり》を単純《たんじゅん》に計算すれば、10数キロになります。

練習の結果《けっか》、12月に山口《やまぐち》県で開かれた「防府読売《ほうふよみうり》マラソン」では、2時間59分21秒を記録《きろく》し、ついに3時間を切ることができました。これでまた、1年前に同じ大会で自分が出した日本記録《きろく》を更新《こうしん》です。

翌年《よくねん》の2015年4月には、ロンドンの世界選手権《せんしゅけん》に再《ふたた》び出場。去年《きょねん》よりは速い3時間3分26秒という記録《きろく》だったものの、3位《い》に終わってしまいました。

(ふう。世界のレベルは高いなあ。)

新《あら》たな壁《かべ》にぶつかった美里《みさと》でしたが、その年の6月、とうとう次の年のリ

2014 年 12 月、第 45 回防府《ほうふ》読売《よみうり》マラソン大会。

はじめて３時間を切った。

この日の伴走者《ばんそうしゃ》。左が堀内《ほりうち》さん、右が樋口《ひぐち》さん。

オデジャネイロパラリンピックで、視覚障《しかくしょう》がい者《しゃ》の女子マラソンが正式種目《せいしきしゅもく》になることが発表されたのです。

そして、ロンドンの世界選手権《せんしゅけん》で3位《い》に入ったことにより、美里《みさと》がリオに出場できることも内定《ないてい》しました。

(こうなったら、金メダルをめざそう！)

目標《もくひょう》が定《さだ》まり、1か月に走る距離《きょり》を600キロに増《ふ》やしました。ランニングのフォームの改造《かいぞう》をはじめ、体幹《たいかん》(胴体《どうたい》の部分《ぶぶん》)の筋力《きんりょく》の強化もはかりました。

しかし、いよいよリオに行くとなると、また伴走者《ばんそうしゃ》の問題が発生しました。

パラリンピックの選手村《せんしゅむら》には、選手《せんしゅ》と伴走者《ばんそうしゃ》だけが宿泊《しゅくはく》し、それ以外《いがい》の人は泊《と》まることができません。目の不自由《ふじゆう》な美里《みさと》のサポートは伴走者《ばんそうしゃ》がすることになりますが、同じ部屋に泊《と》まるには、女性《じょせい》である必要《ひつよう》があります。

そこで、女性《じょせい》でなるべく美里《みさと》の体格《たいかく》に合った小がらな伴走者《ばんそうしゃ》を、急いで探《さが》すことになりました。もちろん、走るスピードもかなり速くなければなりません。

そして選《えら》ばれたのが、東海《とうかい》大学の体育学部を卒業《そつぎょう》し、公務員《こうむいん》ランナーとして活躍《かつやく》していた青山由佳《あおやまゆか》さんでした。伴走者《ばんそうしゃ》はふたりまで認《みと》められることになり、もうひとりは、2回のロンドンをいっしょに走った堀内《ほりうち》さんに決まりました。

会社に就職《しゅうしょく》

そんななか、美里《みさと》は三井住友海上《みついすみともかいじょう》という損害保険会社《そんがいほけんがいしゃ》から、こう声をかけられました。

「わたしたちの会社は、世界で活躍《かつやく》するスポーツ選手《せんしゅ》の育成《いくせい》に力を注《そそ》いでおります。道下《みちした》さんも当社で働《はたら》きながら、世界をめざしませんか。伴走者《ばんそうしゃ》を探《さが》したり、取材対応《しゅざいたいおう》などを会社が支援《しえん》することで、より競技《きょうぎ》に集中することができると思います。」

（それはありがたいな。しかも走りながら、お給料《きゅうりょう》がいただけるなんて。）

もうしぶんのないの条件《じょうけん》だったので、２０１６年４月、美里《みさと》はこの会社に入社しました。ふだんは福岡《ふくおか》で練習にはげみながら仕事をしています。マラソン大会のゲストランナーや講演会《こうえんかい》、イベントに出ることで社会貢献活動《しゃかいこうけんかつどう》をすることもあります。

ここで新《あら》たに美里《みさと》の伴走者《ばんそうしゃ》に加《くわ》わったのが、河口恵《かわぐちめぐみ》さんです。河口《かわぐち》さんは、三井住友海上女子陸上競技部《みついすみともかいじょうりくじょうきょうぎぶ》の選手《せんしゅ》として活躍《かつやく》していましたが、引退《いんたい》し、東京《とうきょう》から、もともと住んでいた福岡《ふくおか》にもどってきたところでした。

美里《みさと》の伴走者《ばんそうしゃ》を探《さが》していると聞き、
「陸上《りくじょう》からはなれたわたしが、また陸上《りくじょう》とつながって仕事ができるなんて！」
と喜《よろこ》んで引き受けてくれました。ふだんは会社で仕事をしながら、美里《みさと》の伴《ばん》走《そう》やサポートもしています。

会社のデスクのそばで河口《かわぐち》さんと。

美里《みさと》が大濠公園《おおほりこうえん》で練習するときには、最寄《もよ》り駅《えき》との道のりを河口《かわぐち》さんといっしょに行き来します。自宅《じたく》から駅までは、美里《みさと》はひとりで移動《いどう》します。

河口《かわぐち》さんをはじめとした会社の人たちに、スケジュール管理《かんり》や、移動《いどう》の手配《てはい》や手伝《てつだ》い、取材《しゅざい》の対《たい》応《おう》など、さまざまなサポートをしてもらえるようになり、美里《みさと》はますます練習に集中できるようになりました。

大濠《おおほり》公園《こうえん》で河口《かわぐち》さんと、伴走《ばんそう》のロープを使って練習。

河口《かわぐち》さんは、いつも美里《みさと》をそばでサポートしている。

第7章 リオデジャネイロから東《とう》京《きょう》へ！

リオへ出発！

美里《みさと》はリオパラリンピックに向け、できることはぜんぶ準備《じゅんび》しました。

福岡《ふくおか》は夏、頭がふやけそうになるほどきびしい猛暑《もうしょ》が続《つづ》きますが、負けずに練習にはげみました。

美里《みさと》は伴走者《ばんそうしゃ》に、いつもこうたのんでいます。

「気持ちを前向きにすることだけ、伝《つた》えてください。」

伴走者《ばんそうしゃ》のことばしだいで、やる気が出たり、がっかりしたり、自分の気分や走り方が、大きく変《か》わってくるからです。美里《みさと》の伴走者《ばんそうしゃ》たちはそれに応《こた》え、いつも元気を引き出すようなことばをかけて、彼女《かのじょ》をサポートしました。

出発の前に、福岡《ふくおか》で壮行会《そうこうかい》も開かれました。

集まってくれたのは、１００人近くの美里《みさと》を応援《おうえん》する人たち。地元下関《しものせき》の人、会社の人、これまでいっしょに走ってきた伴走者《ばんそうしゃ》……、いわば全員《ぜんいん》が、「チーム道下《みちした》」です。

チーム道下《みちした》のメンバーたちは、現地《げんち》の気温や湿度《しつど》、コースのようすもくわしく下調べしてくれました。

そして2016年9月3日、いよいよ選手団《せんしゅだん》は日本を発《た》ちます。成田空港《なりたくうこう》には、大濠公園《おおほりこうえん》ブラインドランナーズクラブの江口《えぐち》さんが、お守りを持ってかけつけてくれました。

「がんばってこいよ!」

「ありがとうございます! このお守りをつけて走ります!」

同じ会社の河口《かわぐち》さんも、福岡《ふくおか》からわざわざ来てくれました。美里《みさと》は河口《かわぐち》さんが来ることを知らなかったので、とてもおどろきました。

「うわ! 東京《とうきょう》まで来てくれたの? ありがとう!」

飛《と》び立《た》った飛行機《ひこうき》は、アメリカ・ニューヨーク経由《けいゆ》でブラジルのリオデジャネイロに向かいます。

選手村《せんしゅむら》に入って

リオデジャネイロは、サンバやカーニバルで有名な南米《なんべい》の街《まち》です。選手団《せんしゅだん》はいよいよ、選手村《せんしゅむら》に到着《とうちゃく》しました。

選手《せんしゅ》「村《むら》」といっても都会的《とかいてき》なところで、広い敷地《しきち》のなかに高いビルが立ちならんでいます。入口では、銃《じゅう》をかまえた軍人《ぐんじん》が警備《けいび》しています。

日本の選手団《せんしゅだん》はみな、同じビルの宿舎《しゅくしゃ》に入ることができました。美里《みさと》は、

リオデジャネイロで。みんな、チーム道下《みちした》！

予定通り伴走者《ばんそうしゃ》の青山由佳《あおやまゆか》さんと同室《どうしつ》になります。

18日の本番までは、つかれをためないため、1日2時間ほどの軽い練習をして過《す》ごすことにしました。選手村《せんしゅむら》のなかを走ったり、公式の練習会場へバスで移動《いどう》してトレーニングしたりします。

ほかの女子マラソンの選手《せんしゅ》や伴走者《ばんそうしゃ》とすれちがうと、伴走者《ばんそうしゃ》どうしが気づいて、ことばはわからなくてもジェスチャーであいさつします。すでに外国の選手《せんしゅ》たちと顔なじみになっている堀内《ほりうち》さんに「〇〇選手《せんしゅ》ですよ。」と紹介《しょうかい》されると、美里《みさと》も「ハロー」とあいさつを返しました。

本番までの間、堀内《ほりうち》さんや青山《あおやま》さんは、美里《みさと》の気持ちをアップさせるため、はげましのことばをかけ続《つづ》けました。

「ぼくたちの方が仕《し》あがりがいいと思う。ぜったい勝てます!」

一方《いっぽう》、美里《みさと》は選手村《せんしゅむら》で、練習以外《いがい》の長い時間を過《す》ごす方法が、なかなか見つからなくてこまりました。室外《しつがい》に出るときは、周囲《しゅうい》のようすがわからないため、美里《みさと》はだれかのつきそいがないと、一歩も動けません。

選手村《せんしゅむら》のなかには、ゲームコーナーもあるということでしたが、残念《ざんねん》ながら、目の不自由《ふじゆう》な人が楽しめるものはありませんでした。しかたなく、部屋で大好《だいす》きな馬場俊英《ばばとしひで》の曲《きょく》「スタートライン」などを聴《き》いて過《す》ごしました。

食事は、巨大《きょだい》な食堂《しょくどう》でのバイキング方式です。ブラジル料理《りょうり》やアジア料理《りょうり》、サラダ、スープ、フルーツ、ドリンクなど、メニューも豊富《ほうふ》です。堀内《ほりうち》さんや青山《あおやま》さんが、どんな料理《りょうり》がならんでいるのかを、美里《みさと》に説明《せつめい》します。地元のボランティアの人に、お皿《さら》によそってもらうのですが、その量《りょう》が外国人向けで、とても多いのにはこまりました。

（試合前《しあいまえ》に体重が増《ふ》えたらたいへん！　いったいどうやって注文したらいいんだろう？）

でもだんだんなれてくると、美里《みさと》も「この料理《りょうり》とこの料理《りょうり》をほんの少しずつ」と、自分の希望《きぼう》をうまく伝《つた》えて、食事を楽しめるようになりました。

いよいよ本番!

試合《しあい》当日、会場のコパカバーナまでは、バスで移動《いどう》しました。海沿《うみぞ》いの街《まち》には、大きな街路樹《がいろじゅ》がしげっています。朝から日差《ひざ》しが強く、気温はぐんぐんあがっていきます。

美里《みさと》たちは、スタートの準備《じゅんび》を整《ととの》えました。

レースの前半20キロまでの伴走《ばんそう》は青山《あおやま》さん、後半は堀内《ほりうち》さんです。前半はペースを守って走り、後半は暑さのためにつかれてくる選手《せんしゅ》たちを追いぬいていこうという作戦《さくせん》です。

美里《みさと》は、先輩《せんぱい》の女子マラソンの選手《せんしゅ》から、以前《いぜん》こういわれたことを思い出していました。

「スタート地点に立ったとき、ほかの選手《せんしゅ》を見わたして、自分の方が勝っているな、と思うことが多ければ多いほど、金メダルに近づけるのよ。」

うなずきながら、こう思いました。

（だいじょうぶ。わたしはだれよりも、暑いなか練習を積《つ》んできた。筋《きん》トレだってがんばったし、あらゆる準備《じゅんび》をチーム道下《みちした》のみんなとやってきた。）

スタートラインに立つと、緊張《きんちょう》が高まってきます。

午前9時、いよいよスタート。めざすのは、もちろん金メダル！

地元ブラジルの強い選手《せんしゅ》についていけば、ペース配分にも失敗《しっぱい》はないと考えて、サントス選手《せんしゅ》の後ろについていくことにしました。

デコボコしているところもあるコースでしたが、しっかり下見《したみ》をした青山《あおやま》さんは、平らな部分を選《えら》んで走ってくれます。

家族や会社、チーム道下《みちした》のメンバーが、応援《おうえん》にかけつけていました。日の丸に書かれた寄《よ》せ書《が》きも沿道《えんどう》にならんでいると、青山《あおやま》さんが伝《つた》えてくれます。

「美里《みさと》！　ファイト！」

お母さんや、盲学校《もうがっこう》時代の恩師《おんし》、安田《やすだ》先生の声が聞こえます。夫《おっと》の孝幸《たかゆき》さんも、応援《おうえん》しています。

沿道《えんどう》の応援団《おうえんだん》。

レースのかけひき

ところが、20キロも行かないうちに、前のサントス選手《せんしゅ》が、急にペースをあげました。青山《あおやま》さんが教えます。

「サントス選手《せんしゅ》、ペースをあげました。」

「どうする……?」

一瞬《いっしゅん》考えましたが、まだレースの前半だったので、ついていくことはやめ、自分のペースを守ることにしました。

しかし、このままだと順位《じゅんい》は3位《い》。ペースは、予定より遅《おく》れています。前半のスピードがあがらなかったことを悔《く》やみつつ、伴走《ばんそう》の青山《あおやま》さんは、堀内《ほりうち》さんと交代《こうたい》しました。

(いよいよ、後半!)

前を走っていたサントス選手《せんしゅ》は、結局《けっきょく》ペースが落ち、追いぬいた美里《みさと》たちが2位《い》に立ちます。

しかし、1位《い》を走っていたスペインのコングスト選手《せんしゅ》は、はるか前を走っていて、スピードが落ちません。

トップとの時間の差《さ》を、沿道《えんどう》の応援団《おうえんだん》の人がボードに書き、伴走者《ばんそうしゃ》の堀内《ほりうち》さんに知らせてくれています。

(追いつきたい。がんばれ、自分!　あともう少しだ!)

かなり速いペースで走っているにもかかわらず、どうしても差《さ》はちぢまりません。

そして、ゴール。美里《みさと》は、両手をあげてバンザイ。

銀メダルです!

後半《こうはん》の伴走《ばんそう》は堀内《ほりうち》さん。　写真／アフロスポーツ

暑さのため、リタイアした選手《せんしゅ》が相次《あいつ》いだきびしいレース。記録《きろく》は3時間6分52秒でした。美里《みさと》は、応援《おうえん》してくれた人たちに手をふり、笑顔《えがお》でお礼《れい》をいいました。

「ありがとうございました！」

みんな、拍手《はくしゅ》して美里《みさと》をたたえました。

「銀メダル！　おめでとう！」

カメラのフラッシュがたかれ、報道陣《ほうどうじん》に囲《かこ》まれてインタビューされます。

美里《みさと》はずっと笑顔《えがお》でしたが、表彰式《ひょうしょうしき》でスペインの国歌が流れたときは、こう感じました。

（……やっぱり4年後の東京《とうきょう》パラリンピックで、もう一度走りたい！）

リオパラリンピックで表彰《ひょうしょう》されて。
写真／アフロスポーツ

エピローグ

銀メダルをとって、マスコミから一躍注目《いちやくちゅうもく》された美里《みさと》。取材《しゅざい》を受けたり、銀座《ぎんざ》でパレードをしたり、報告会《ほうこくかい》を開いたり、帰国後は、目のまわるようないそがしさでした。テレビにも何度か出演《しゅつえん》します。

そして翌《よく》2017年4月には、再《ふたた》びロンドンマラソンに出場しました。ほかの選手《せんしゅ》のことはまったく気にせず、自分らしいペースで走ることを心がけました。ふたりの伴走者《ばんそうしゃ》——青山《あおやま》さんと、今回はじめてレースをいっしょに走った志田淳《しだあつし》さんも、冷静《れいせい》に声をかけてくれました。

すると、3時間0分50秒の記録《きろく》で、優勝《ゆうしょう》！

世界選手権《せんしゅけん》で、はじめて金メダルを獲得《かくとく》することができたのです。

そのあとは、走るスピードをあげるため、5000メートルの試合《しあい》にも参《さん》加《か》し、自分の記録《きろく》を更新《こうしん》しようとがんばりました。

歩幅《ほはば》を広くするため、体幹部分《たいかんぶぶん》の筋肉《きんにく》をきたえようと、福岡《ふくおか》のヨガスタジオにも通っています。

ふだんは、12人のメンバーが、毎日の練習をささえています。実家の下関《しものせき》や地方に行くときは、そこでの伴走者《ばんそうしゃ》も別《べつ》に探《さが》さなくてはなりません。だれがいつ伴走《ばんそう》をするかは、美里自身《みさとじしん》が、メールでたのんで決めていきます。彼女《かのじょ》のロープを持ってくれた伴走者《ばんそうしゃ》は、今や100人をこえました。

こうしたなかでむかえた2017年12月の「防府読売《ほうふよみうり》マラソン」。同年のロンドンマラソンと同じように、青山《あおやま》さんと志田《しだ》さんが伴走《ばんそう》しました。しかし、気温が低《ひく》い上に向かい風が吹《ふ》くので、寒くて寒くてたまりません。しかもスタートしてから、ほかの選手《せんしゅ》と何度もぶつかってしまいました。

エピローグ

（……きびしい。でも、どんなにつらくても、たえるんだ！）

「負けるな！　みっちゃん！　がんばれ！」

地元山口《やまぐち》県の人たちの声援《せいえん》を受け、後半は足の運びも楽になり、集中して巻《ま》き返《かえ》します。

するとついに、２時間56分14秒の世界新記録《しんきろく》を達成《たっせい》することができました！　２年前のロンドンマラソンでロシアの選手《せんしゅ》が出した記録《きろく》を、２分以上《いじょう》も上回《うわまわ》っていました。

「おめでとう！　世界新記録《しんきろく》！」

「ありがとうございます！　みなさんの応援《おうえん》のおかげです！」

今後は、東京《とうきょう》パラリンピックまでに、マラソンを２時間50分で走ることが、究極《きゅうきょく》の目標《もくひょう》です。

現在《げんざい》、美里《みさと》の左目の視力《しりょく》は、０・０１以下《いか》にまで落ちています。とくに、光の強い環境《かんきょう》は苦手《にがて》で、まぶしいときはほとんど見えません。光が弱ければ、目の前のもののシルエットが、ぼんやりわかることもあります。そのためマラソン大会に出るときは、必《かなら》ずサングラスをかけ、ぼうしをかぶります。

ふだん文字を読むときは、どうしているのでしょう。

盲学校《もうがっこう》で点字を習いましたが、あまり使っていません。メールをするときは、パソコンや携帯《けいたい》電話の音声読みあげソフトを利用《りよう》しています。拡大読書機《かくだいどくしょき》という装置《そうち》を使い、文字を大きくして読むこともあります。

洋服を買いに行くときは、店員さんに好《この》みを伝《つた》えたり、知り合いについてきてもらったりします。お化粧《けしょう》は、自分ひとりでやっています。

それでも目が見えないと、やはりこまることがあります。スーパーに買い物に行っても、どこで何が売られているのかわからず、苦労《くろう》します。

一方《いっぽう》、白い杖《つえ》をついているときに携帯《けいたい》電話を見ていると、周囲《しゅうい》の人からおどろかれることもあります。全盲《ぜんもう》の人だけでなく、目がほんの少し見える弱《じゃく》視《し》の人も白い杖《つえ》をついていることは、あまり知られていません。

美里《みさと》は、こんなふうに感じています。

（パラリンピックで障《しょう》がい者《しゃ》が注目《ちゅうもく》されるのはいいことだけれど、障《しょう》がい者《しゃ》のうちスポーツをする人はほんの一部しかいない。できれば自分たちだけでなく障《しょう》がい者《しゃ》全員に光が当たり、いろいろな問題が解決《かいけつ》されていくといいな。）

だから講演会《こうえんかい》では、自分の体験《たいけん》や、障《しょう》がい者《しゃ》としての思いを、大勢《おおぜい》の人に伝《つた》えています。

また、学校では子どもたちに、次の3

講演《こうえん》する美里《みさと》。

つがだいじだと話していきます。

夢《ゆめ》を持つこと。

あきらめないこと。

感謝《かんしゃ》の気持ちを忘《わす》れないこと。

成功《せいこう》する人は、だれでも大きな志《こころざし》を持っています。そして、何事《なにごと》にも前向きに取り組み、いっしょうけんめい努力《どりょく》します。

しかもそのなかで、どんなときでも思いあがらず、まわりの人に感謝《かんしゃ》の心を持ち続《つづ》けられる人だけが、かがやいていくのです。

「みなさんも、もしピンチになったら、自分は選《えら》ばれた人なんだ、くらいの気持ちを持ってのりこえていってください！」

いつも笑顔《えがお》いっぱいの美里《みさと》は、「可能性《かのうせい》は無限大《むげんだい》」ということばが大好《だいす》き。

そんな彼女《かのじょ》にひかれて集まるチーム道下《みちした》のメンバーは、今後もますます増《ふ》えていくことでしょう。

伴走者《ばんそうしゃ》と持ちあうロープは、「きずな」とよばれている。

かこまれて

チーム道下《みちした》の合宿で。
みんなと。

リオパラリンピック後、日本から応援《おうえん》に来ていたチーム道下《みちした》のメンバーと。

いつも仲間《なかま》に

前列左から、お母さん、美里《みさと》、青山《あおやま》さん。後列左から、孝幸《たかゆき》さん、堀内《ほりうち》さん。

2014 年防府読売《ほうふよみうり》マラソンのゴール後。

下関海響《しものせきかいきょう》マラソンをいっしょに走った仲間《なかま》たちと。美《み》里《さと》の後ろにいるのが江口《えぐち》さん。

リオパラリンピックから帰国後、福岡空港《ふくおかくうこう》にて。

伴走者《ばんそうしゃ》のみんなと顔パック。

コラム

国際《こくさい》パラリンピック委員会が定《さだ》めた 視覚障《しかくしょう》がい者《しゃ》マラソンのルール

選手《せんしゅ》たちが公平に競《きそ》えるよう、障《しょう》がいの程《てい》度《ど》によってクラス分けがおこなわれています。

●伴走者《ばんそうしゃ》（ガイドランナー）の役割《やくわり》

伴走者《ばんそうしゃ》は選手《せんしゅ》とロープを持ちあって走りながら、声をかけて進む方向を伝《つた》え、安全に走れるように協力《きょうりょく》します。給水所《きゅうすいじょ》でボトルを手わたすなど、走ること以外《いがい》のサポートもおこないます。

クラス分け

クラス	障《しょう》がいの程度《ていど》	伴走者《ばんそうしゃ》
T《ティー》11	もっとも障《しょう》がいが重い全盲《ぜんもう》の選手《せんしゅ》。手の形を見分けることができない。	必《かなら》ず伴走者《ばんそうしゃ》と走る。
T《ティー》12	手の形を見分けられる程度《ていど》の視力《しりょく》から視力《しりょく》0.03まで。または視野《しや》が5度以内《いない》。	伴走者《ばんそうしゃ》と走るかどうか選《えら》べる。
T《ティー》13	視力《しりょく》が0.04から0.1。または視野《しや》が20度以内《いない》。	ひとりで走る。

コラム

白い杖《つえ》を持った人との接《せっ》し方《かた》

白い杖《つえ》を持っている人が、町でこまっているのを見かけたら、急に腕《うで》をつかんだり、引っぱったりせず、「何かお手伝《てつだ》いしましょうか」とまず声をかけましょう。

白い杖《つえ》を持っていない側《がわ》に立ち、肩《かた》や腕《うで》を持ってもらっていっしょに歩きましょう。

自分ひとりで案内《あんない》するのが無理《むり》だと思ったら、近くの大人《おとな》の人に声をかけて手伝《てつだ》ってもらいましょう。

声をかけるときは、はっきりと話しかけましょう。また、白い杖《つえ》は、目と同じ役割《やくわり》をしています。杖《つえ》の動きをじゃましないように、反対側《はんたいがわ》に立ちましょう。

白い杖《つえ》を持っている人と歩くときは、まわりのようすをことばで説明《せつめい》しましょう。

道に段差《だんさ》があるときは、上《のぼ》りか下《くだ》りか、はっきり伝《つた》えましょう。

階段《かいだん》を使うときも、具体《ぐたい》的《てき》にあと何段《なんだん》あるのか、「3、2、1……」と声に出して数えます。

案内《あんない》するときは、階段《かいだん》やエスカレーターなど、使う手段《しゅだん》をたずねましょう。エレベーターに連《つ》れていっても、それが一番近くて便利《べんり》とはかぎりません。

身近に、白い杖《つえ》を持っているお友だちがいる場合、次のように接《せっ》すると伝《つた》わりやすいでしょう。

みさとちゃん、
おはよう。たかしだよ。

名乗《なの》るときは、どこのだれだかはっきりいいましょう。
そばからはなれるときは、いなくなることを知らせましょう。

9時の方向に
ごはんがあるよ。
MILK
MILK

料理《りょうり》などの場所を教えるときは、たとえば「3時の方向にみそ汁《しる》」と、時計のはりの向きで伝《つた》えるとわかります。

先生をよんで
くるから、
このろうかの角で
ちょっと待ってて。

ひとりでいてもらうときは、現在《げんざい》いる位置《いち》を伝《つた》え、手が何かにふれられる安全な場所を選《えら》びましょう。

文・高橋うらら（たかはし・うらら）
東京都生まれ。日本児童文芸家協会会員。「命の大切さ」をテーマに、障がい者問題、動物保護、戦争などを題材とした作品を執筆。著書に、『幽霊少年シャン』（2016年、新日本出版社）、『夜やってくる動物のお医者さん』（2016年　フレーベル館）など多数。

協力　中野千代子　安田祐司　堀内規生　川邉慶子
江口 裕　樋口敬洋　青山由佳
十河義典　北村拓也　國武良真　志田 淳
大濠公園ブラインドランナーズクラブ
チーム道下
認定特定非営利活動法人 日本ブラインドマラソン協会
三井住友海上火災保険株式会社

写真提供　中野千代子（1章.2章）　安田祐司（3章）
原田清生（p75）　江口裕（p93.97.108.139）
川邉慶子（p88）　道下孝幸（p89）
堀内規生（p110.111.139）
樋口敬洋（p138）　圓山和久（p139）
三井住友海上火災保険株式会社
（p115.116.120.125.135.137.138.139）

企画・編集　株式会社 童夢

パラリンピックのアスリートたち
可能性《かのうせい》は無限大《むげんだい》——視覚障《しかくしょう》がい者《しゃ》マラソン 道下美里《みちしたみさと》

2018年3月15日　初　版　　NDC782 143P 20cm

作　者　高橋うらら
発行者　田所　稔

発行所　株式会社　新日本出版社
〒151-0051　東京都渋谷区千駄ヶ谷4-25-6
03（3423）8402（営業）
03（3423）9323（編集）
info@shinnihon-net.co.jp
www.shinnihon-net.co.jp
振　替　00130-0-13681
印　刷　亨有堂印刷所　　製本　小泉製本

落丁・乱丁がありましたらおとりかえいたします。

ISBN 978-4-406-06231-2　C8375　Printed in Japan
JASRAC 出 1800636-801